Achim Schwekendiek

Süddeutsche Zeitung Edition

Bibliothek der Köche

Achim Schwekendiek

Text: Ingo Swoboda
Fotografie: Bernd Grundmann

Süddeutsche Zeitung Edition

Bibliothek der Köche

Sylt
Rostock-Warnemünde
Hamburg
Osnabrück
Hameln
Leipzig
Köln
Bergisch Gladbach
Frankfurt am Main
Stromberg
Mainz
Bayreuth
Naurath/Wald
Nürnberg
Zweibrücken
Herxheim
Stuttgart
München
Tegernsee

W E S E R B E R G L A N D

DIE BIBLIOTHEK DER KÖCHE

1. *Dieter Müller/Nils Henkel* **Bergisches Land**
2. *Johannes King* **Sylt**
3. *Harald Rüssel* **Mosel**
4. *Martin Fauster* **München**
5. *Martin Göschel* **Frankfurt**
6. *Ali Güngörmüs* **Hamburg**
7. *Thomas Kellermann* **Berlin**
8. *Jörg Glauben* **Pfalz**
9. *Eric Menchon* **Köln**
10. *Alexander Herrmann* **Oberfranken**
11. *Frank Buchholz* **Rhein-Main**
12. *Tillmann Hahn* **Mecklenburger Bucht**
13. *Peter Maria Schnurr* **Sachsen**
14. *Bernhard Diers* **Stuttgart**
15. *Michael Fell* **Oberbayern**
16. *Thomas Bühner* **Osnabrücker Land**
17. *Andree Köthe/Yves Ollech* **Mittelfranken**
18. *Karl-Emil Kuntz* **Mittlerer Oberrhein**
19. *Achim Schwekendiek* **Weserbergland**
20. *Johann Lafer* **Hunsrück**

INHALT

INHALT

Fisch

INHALT

Fleisch

Vegetarisch

INHALT

Desserts

Das „Schlosshotel Münchhausen" liegt im Weserbergland, unweit von Hameln

Wie aus einem Märchen präsentiert sich die wiedererstandene Renaissance-Pracht des Schlosses

A. Schwekendiek

ACHIM
SCHWEKENDIEK

Phantasievolle Klassik mit Präzision

Wenn Achim Schwekendiek am frühen Morgen im „Schlosshotel Münchhausen" nahe seinem Heimatort Hameln auftaucht, mit seinem Team das bevorstehende Tagesprogramm bespricht und mit den Vorbereitungen am Herd beginnt, dann kann es sein, dass er schon einige Stunden auf den Beinen ist. Und das im wahrsten Sinne des Wortes. Denn Schwekendiek ist nicht nur ein talentierter Koch, sondern auch ein außergewöhnlicher Sportler, der, sofern es die Zeit erlaubt, morgens um sechs Uhr mit dem Training beginnt. Triathlon heißt das Ziel, eine Ausdauersportart bestehend aus einem Mehrkampf der Disziplinen Schwimmen, Radfahren und Laufen, ein permanenter Kampf gegen die Zeit und die Erschöpfung. Achim Schwekendiek ist gut in Form, die eiserne Disziplin und Ausdauer, die dieser Sport abverlangt, setzt er auch erfolgreich in seinem Beruf um. Spaß am Kochen hat er schon als Kind. Zusammen mit seiner Großmutter rührt er Teige zusammen und backt seine ersten Kuchen, schnippelt Bratkartoffeln in die Pfanne und versorgt den Hamelner Freundeskreis mit hausgemachten Pizzen. Doch seine wahre Leidenschaft gilt zu dieser Zeit der Fotografie. Achim Schwekendiek ist längst über das Niveau von Schnappschüssen hinaus, fotografiert in extremen Langzeitbelichtungen den nächtlichen Sternenhimmel und entwickelt die Fotos im eigenen Labor. Die Berufswahl liegt nahe, Schwekendiek liebäugelt zwar mit der Fotografie, doch auch dem Kochen gilt sein Interesse. Noch während der Schulzeit absolviert er ein Praktikum im Restaurant „Bergkurpark" im nahen Bad

Pyrmont und findet Gefallen an der Welt zwischen Pfannen und Töpfen. Aus dem Praktikum wird schnell eine Lehrstelle, Achim Schwekendiek beginnt seine Ausbildung im „Bergkurpark" und lernt hier die Küche in ihrer streng klassischen Ausrichtung kennen. Die Arbeitstage sind lang und fordern von Anfang an vollen Einsatz, alle Gerichte werden frisch zubereitet. Das bedeutet vor allem für die Lehrlinge Salate und Gemüse putzen, Beilagen vorbereiten, Saucen ansetzen und „à la minute" auf den Teller bringen. Achim Schwekendiek findet sich schnell in der Küchenwelt zurecht, übernimmt Verantwortung und beugt sich dem Rhythmus, den die Gastronomie ihren Protagonisten aufzwingt. Bis die Küche wieder im blitzblanken Zustand erstrahlt, ist es oft nach Mitternacht und erst dann beginnt für Achim Schwekendiek und seine Kollegen das private Leben. Schließlich sind sie jung, der obligatorische Absacker nach der Arbeit am Herd zieht sich oft genug bis in die frühen Morgenstunden hin. Doch der nächste Tag kennt kein Pardon. Engagement und Konzentration werden von allen verlangt, damit das Teamwerk am Herd reibungslos funktioniert.

Wichtige Schritte in die Gourmet-Küche

Nach der Lehre arbeitet Achim Schwekendiek für kurze Zeit im „Landhaus Ammann" in Hannover, wird anschließend Chef de Partie im „Restaurant Felsenkeller" in Lauenau, bevor es ihn an den Rhein zieht. Ein Kollege hatte ihm das Hilton in Mainz empfohlen, im direkt am Rhein gelegenen Luxushotel ist zu dieser Zeit Pierre Pfister für die Gastronomie verantwortlich. Der Maître ist für die gelungene Kombination von Quantität und Qualität bekannt, der „Ball des Sportes" und viele exklusive Bankettveranstaltungen zählen zu den Aushängeschildern des Mainzer Hilton. Unter Pfisters Regie erkennt Achim Schwekendiek, was neben dem individuellen Zubereiten von Gerichten noch alles in dem Beruf des Kochs steckt. Für die Großveranstaltungen im Hotel lässt Pfister aufwendige Dekorationen herstellen, die präzise Organisation und die professionelle Umsetzung des kulinarischen Angebotes sind vorbildlich und hinterlassen bei Achim Schwekendiek prägende Eindrücke. Er fühlt sich wohl in seinem neuen Arbeitsumfeld, genießt das freundliche Flair der überschaubaren Stadt am Rhein und bleibt für mehr als ein Jahr in Mainz. Dann packt Achim Schwekendiek das Fernweh. Es soll nach Frankreich gehen, am besten nach Paris, um vor Ort die französische Küche authentisch zu erleben. Doch die Bewerbungen verlaufen alle im Sande, es hagelt Absagen und Schwekendiek verschiebt seine „Tour de France".

Jetzt geht es für Schwekendiek erst einmal in die Nähe von Münster. In „Averbecks Giebelhof" in Senden findet er in Küchenchef Alfred Friedrich einen Lehrmeister, der viel Engagement und Leistung erwartet und seinen Blick für die Gourmet-Küche schärft. Der Österreicher steht für eine klassisch französische Küche aus besten Produkten, schnörkellos und präzise aus den Punkt gebracht. Die Erwartungen von Friedrich an sein Küchenteam sind hoch, doch der Küchenchef fordert und fördert. Die ersten Wochen in Friedrichs Küche sind nicht einfach, Schwekendiek ist bereits früh um sieben Uhr an seinem Arbeitsplatz. Bevor die restliche Mannschaft anrückt, will er seine Vorbereitungen abgeschlossen haben, damit er den Kollegen über die Schulter schauen kann. Mit unbedingtem Leistungswillen, Wissbegierigkeit und

seinem Talent findet sich Schwekendiek schnell in den straffen Küchenablauf ein, bekommt Verantwortung übertragen und wird Souschef in „Averbecks Giebelhof". Als nach knapp zwei Jahren die Zeit für einen Wechsel gekommen ist, zieht es ihn ins legendäre Restaurant „Tantris" nach München, das zu dieser Zeit unter der Verantwortung von Heinz Winkler steht. Perfektion in den Arrangements ist unter Winkler oberstes Gebot, die vom Meisterkoch französisch annoncierten Gerichte müssen bis ins kleinste Detail von unzweifelhafter Qualität sein. Bis zu 15 Köche arbeiten in der Küche, die Abläufe sind perfekt organisiert, nichts kommt auf die Teller, was Heinz Winkler nicht persönlich kontrolliert und abgeschmeckt hat. Schwekendiek sammelt im „Tantris" wertvolle Erfahrungen und er lernt von Winkler die Feinheiten und Nuancen des Geschmacks zu differenzieren. Mit der Einberufung zur Bundeswehr endet für Schwekendiek die Münchner Zeit.

Sous le ciel de Paris

Seinen Wunsch, für einige Zeit in der französischen Hauptstadt zu kochen, hat Achim Schwekendiek nie aus dem Sinn verloren und über einen Freund bekommt er im Jahre 1990 die Chance, sich im berühmten „Hotel de Crillon" am Place de la Concorde vorzustellen. Man wird sich schnell einig, Schwekendiek kann schon am gleichen Abend in der Küche anfangen. Damit hat der junge Koch aus dem Weserbergland nicht gerechnet. Die sofortige Zusage überrascht ihn, zwar ist er noch ohne Bleibe in der französischen Metropole und seine Sprachkenntnisse sind nur durchschnittlich, doch das lang ersehnte Abenteuer kann beginnen. Fünf Souschefs aus unterschiedlichen Regionen Frankreichs regieren abwechselnd neben dem Küchenchef die Küchen-Brigade, die verschiedenen Dialekte, in denen die Gerichte annonciert werden, stellen Achim Schwekendiek zunächst vor ein sprachliches Rätsel. Doch nach und nach versteht er die Kollegen und ihre Eigenarten und verschafft sich mit seiner präzisen, disziplinierten und organisierten Arbeit Respekt unter den Franzosen. Die kochen wie selbstverständlich immer französisch, egal welche noch so exotischen Produkte aus welchen fernen Ländern in ihrer Küche landen. Das kochende Selbstbewusstsein der Grande Nation vereinnahmt die ganze Welt. Schwekendiek gefällt die Art, wie seine französischen Kollegen mit den Grundprodukten umgehen, alles was aus Frankreichs reichem Angebot täglich frisch in die Küche geliefert wird, wird mit gleichem Respekt behandelt, egal, ob Austern oder Kartoffeln. Vermeintlich einfache oder minderwertige Produkte scheint es für die Franzosen nicht zu geben, es kommt vielmehr darauf an, was der Koch daraus macht. Schwekendiek verinnerlicht diese Idee, seine Zeit in einem der renommiertesten Hotels der Welt wird seinen Kochstil nachhaltig prägen. Auch die Stadt und ihr unvergleichlicher Flair hinterlassen bei Achim Schwekendiek Spuren. Sobald es die Zeit erlaubt, genießt er die Streifzüge durch die urigen Bistros und Brasserien, bummelt durch eines der vielen Pariser Museen oder flaniert im Jardin des Tuileries, der direkt gegenüber des „Hotel de Crillon" liegt. Paris ist bis heute seine Lieblingsstadt geblieben, mindestens einmal im Jahr fährt er in

Sorgfalt und Finesse: In Achim Schwekendieks Küche finden technische Perfektion und spielerische Kreativität zueinander

die pulsierende Metropole an der Seine, immer wieder fasziniert von einer Stadt, die auch kulinarisch zu den spannendsten Orten der Welt gehört.

Neue Herausforderungen

Zurück aus Paris, übernimmt Achim Schwekendiek Anfang 1992 die Küchenleitung im Restaurant „Alte Stadtmühle" in Schopfheim, unweit der Schweizer Grenze. Von der Stelle hat Schwekendiek über eine Annonce erfahren, doch als er in Schopfheim ankommt, eröffnet ihm der Patron, dass im Restaurant nur noch vegetarisch gekocht wird. Achim Schwekendiek zeigt sich flexibel und ideenreich dazu, schnell finden die saisonal geprägten vegetarischen Arrangements, darunter zwei 10-Gänge-Menüs, ihr Klientel und die Presse wird auf das außergewöhnliche Restaurant-Konzept aufmerksam. Die Zeit in der „Alten Stadtmühle" wird für Achim Schwekendiek eine ausgesprochen kreative Phase, dazu lernt er hier seine Frau Nicole kennen. Nach einem Jahr in Schopfheim entschließt er sich, den Küchenmeister-Lehrgang in Heidelberg zu absolvieren, mit dem bestandenen Examen in der Tasche zieht es Schwekendiek im Juni 1992 mit seiner kleinen Familie – mittlerweile ist Sohn Jonas auf der Welt – ins neu eröffnete „Hotel Hohenhaus", einem zum schicken Landhotel umgebauten ehemaligen Rittergut zwischen Bad Hersfeld und Eisenach. Nach drei Jahren in „Hohenhaus" winken die ersten großen Auszeichnungen für seine Küche, Achim Schwekendiek bekommt im Jahre 1995 vom Guide Michelin seinen ersten Stern verliehen, gewinnt die „Kikkoman Masters", ein Rezeptwettbewerb für professionelle Küchenchefs, und wird beim „Bocuse d'Or" zum besten Fischkoch Deutschlands gekürt. Rund zwölf Jahre bleibt er in „Hohenhaus", die Familie ist mittlerweile auf drei Kinder angewachsen und Achim Schweken-

diek gehört zu den etablierten Spitzenköchen der Republik.

Zurück in die Heimat

Als in der Nähe von Hameln das aufwendig renovierte und restaurierte „Schlosshotel Münchhausen" seine Pforten öffnet, zieht es Schwekendiek zurück in seine alte Heimat. Im Juli 2004 ist es so weit, das Gourmet-Restaurant im beeindruckenden Renaissance-Schloss geht unter der Leitung von Achim Schwekendiek an den Start, nur ein Jahr später bekommt er auf „Münchhausen" seinen Michelin-Stern bestätigt. Achim Schwekendiek lässt sich ungern auf einen Küchenstil festlegen oder in kulinarische Schubladen zwängen, doch seine Handschrift ist ohne Zweifel französisch inspiriert. Der respektvolle Umgang mit dem Produkt, ganz gleich welchen vermeintlichen Wert es hat, kennzeichnen die Kreationen, die Schwekendiek und sein Team im Restaurant anbieten. Kein geschmackliches Detail in den handwerklich präzise gestalteten Kreationen wird vernachlässigt, Achim Schwekendiek kocht gleichermaßen leicht wie nachhaltig und tiefsinnig. Er beherrscht das variantenreiche Spiel der Aromen, die in phantasievollen Kreationen zueinanderfinden und sich in einer schmackhaften Harmonie auflösen. Seine Wanderjahre in die unterschiedlichsten Küchen haben ihn geprägt, ohne ihn jedoch auf eine Richtung festzulegen. Schwekendiek hat sich aus dem Überblick inspirieren lassen, hat seine eigene Handschrift entwickelt und kocht, wie er sagt, immer noch aus dem Bauch heraus. Dieses unzweifelhafte Gespür für Geschmack, verpackt in das perfekte Handwerk einer engagierten Küchencrew, auf die er sich in jeder Situation verlassen kann, zeichnet Achim Schwekendieks Küche aus. Er ist, genauso wie sein Team, einfach gut in Form!

LOTTO
JACKPOT
MILLIONEN

Weserterrasse

Typische Weserfähre am Ufer von Polle. Der staatlich anerkannte Erholungsort ist für seine aus dem 13. Jahrhundert stammende Burgruine bekannt

Renaissance im Weserbergland

Bis die Weser bei Bremerhaven in die Nordsee mündet, hat sie sich auf einer Strecke von rund 440 Kilometer durch die Landschaft geschlängelt. Seit Jahrhunderten ist der Fluss, der in Hann. Münden aus der Vereinigung von Werra und Fulda entsteht, eine wichtige Wasserstraße, schon die Römer befuhren bei der versuchten Eroberung Germaniens mit ihren Schiffen die Weser. Einer der schönsten und reizvollsten Landstriche, die die Weser durchfließt, ist das so genannte Weserbergland, eine Region mit sanften Hügeln und weiten Wiesen, ausgedehnten Wäldern und immer wieder beschaulichen Orten und historischen Stätten auf beiden Seiten des Flusses. In dieser abwechslungsreichen Übergangszone von der norddeutschen Tiefebene zum Mittelgebirge liegt der Naturpark „Weserbergland-Schaumburg-Hameln", eine facettenreiche Landschaft, die zu Wander-, Fahrrad- und Kanutouren einlädt. Zu den landschaftsprägenden Sehenswürdigkeiten des Weserberglandes gehören auch die zahlreichen Bau- und Kulturdenkmäler, allen voran die Bauten der Weser-Renaissance, einzigartige Zeugen eines europäischen Baustils, der im 16. und 17. Jahrhundert im Weserraum eine besondere Ausprägung erfährt. Die Region an der Weser ist dank einer blühenden Landwirtschaft und eines gefragten Handwerks wohlhabend, Adel und Landesherren errichten prachtvolle Renaissance-Schlösser und in den Städten zeigen wohlhabende Bürger, Kaufleute und Handelsherren ihren Wohlstand mit reich verzierten Bauten im Stil der Zeit. Die Nachfrage ist groß, die Bautätigkeit zu Zeiten der Weser-Renaissance so stark, dass Handwerker und bedeutende Baumeister aus dem ganzen Reich an die Weser ziehen. Mehr als zwanzig Baumeister der Renaissancearchitektur im Weserraum sind mit Namen und Herkunft durch ihre Meisterzeichen an den Bauten und durch Dokumente in den Archiven bekannt.

Schloss Schwöbber

Irgendwann auf der Landstraße, die von Aerzen zum heutigen „Schlosshotel Münchhausen" führt, taucht es wie aus dem Nichts auf: ein beeindruckendes Gebäudeensemble, umgeben von einem

weitläufigen Park, das einstige Schloss Schwöbber, dessen Geschichte mit jener Familie verbunden ist, die durch die Abenteuer des „Lügenbarons" Hieronymus von Münchhausen bekannt wurde. Erbaut wurde die Schlossanlage um das Jahr 1570 von Hilmar von Münchhausen, heute gehört sie zu den wichtigsten Architekturzeugnissen der Weser-Renaissance. In seiner wechselvollen Geschichte als repräsentativer adeliger Wohnsitz erlangte das Schloss unter Otto I. von Münchhausen Berühmtheit, der den Ausbau der Gärten und den Bau einer Orangerie veranlasst. Die Glashäuser, die Otto I. errichten ließ, gehören zu den frühesten ihrer Art. Ab Anfang des 18. Jahrhunderts weisen zeitgenössische Berichte auf eine Pflanzensammlung in Schwöbber hin, die zu den damals größten ihrer Art im norddeutschen Raum zählte. Die Orangerie, die in ein Haus für „Alte Orangen" und „Neue Orangen" aufgeteilt war, verfügte über große nach Süden gerichtete Fenster und eine Fußbodenheizung, die den Bestand von rund 300 Orangenbäumchen sowie zahlreichen weiteren empfindlichen Pflanzen ermöglichte. Neben der Zitrus-Sammlung sorgte vor allem die Ananas für Aufsehen auf Schloss Schwöbber, die dort seit dem späten 17. Jahrhundert kultiviert wurde. Die exotische Frucht, die spanische Seefahrer Anfang des 16. Jahrhunderts von ihren Entdeckungsfahrten mit nach Europa brachten, galt als die wohlschmeckendste aller Früchte. Auch Zar Peter der Große von Russland ist beeindruckt, als er im Jahre 1716 die Ananaskulturen auf Schloss Schwöbber besichtigt. Vier Jahrzehnte später werden Gärten rund um das Schloss nach englischem Vorbild gestaltet, der Park von Schwöbber setzt mit seiner Vielfalt seltener nordamerikanischer Pflanzen und Bäume, dazu ausgewählte Pflanzenarten aus China und Indien, Maßstäbe in der europäischen Landschaftsgartenkultur. Erst im 20. Jahrhundert, bedingt durch Wirtschaftskrise und zwei Weltkriege, beginnt der stetige Niedergang der Parkanlage, mehrere Besitzerwechsel lassen nach und nach auch die einstige Pracht des Renaissance-Schlosses verblassen. Nach einem Brand im Jahre 1992 bildete das

Der Rattenfänger von Hameln, der 1284 in Erscheinung trat, ist seit Jahrhunderten das Wahrzeichen der Stadt Hameln

Schloss als Ruine fast zehn Jahre lang einen traurigen Anblick.

Schlosshotel Münchhausen

Im Jahre 2002 erwecken das Unternehmerehepaar Ulla und Friedrich Popken das Schlosshotel mit viel Engagement zu neuem Leben. Aufwendig restauriert und für einen luxuriösen 5-Sterne-Hotel-Betrieb ausgestattet, präsentiert sich das Renaissance-Schloss nach einer rund zweijährigen Planungs- und Bauphase – in die auch die historische Zehntscheune mit einbezogen wurde – im neuen, strahlenden Glanz. Ein Schloss, das seine alte Pracht wiedergefunden hat und das seinen Besuchern als Hotel und Restaurant auch eine Renaissance fürstlicher Gastlichkeit bietet. Das alte Schloss und sein spürbarer Flair vergangener Jahrhunderte ist auf Münchhausen einfühlsam mit modernen Accessoires und neuesten technischen Anforderungen verbunden. Schmuckstück des Schlosshotels ist die „Hilmar von Münchhausen Suite", eine Hommage an den Erbauer und ein besonderes Erlebnis für Gäste, die gerne fürstlich residieren und sich dabei doch „zu Hause" fühlen möchten. Aber bei allen Annehmlichkeiten des 21. Jahrhunderts ist das „Schlosshotel Münchhausen" – ganz im Sinne des Erbauers – auch ein Refugium der Ruhe und Erholung inmitten einer ausgedehnten Parklandschaft geblieben.

Vom „Schlosshotel Münchhausen" nach Hameln sind es nur wenige Kilometer, die Geschichte der Siedlungsspuren im Hamelner Raum reicht bis in die Steinzeit zurück. Anfang des 9. Jahrhunderts gründen der sächsische Graf Bernhard und seine Frau Christina auf ihrem Gut in Hameln eine Kirche. Nach dem Tod des Grafen gehen die Besitzungen an die Reichsabtei Fulda über, die am Ort des heutigen Münsters ein Benediktinerkloster gründet. Nach und nach entsteht rund um das Kloster eine Marktsiedlung, um das Jahr 1200 wird Hameln erstmals urkundlich als „Stadt" bezeichnet, nur wenige Jahre später erfolgt die Ersterwähnung einer Mühle in Hameln. Im 12. und 13. Jahrhundert üben die Vögte des Stifts St. Bonifatius und der Abtei Fulda die Stadthoheit aus, die geistliche Oberhoheit über Stadt und Stift liegt beim Bischof von Minden. Mitte des 13. Jahrhunderts kommt die Stadt im Zuge territorialpolitischer Auseinandersetzungen in den Besitz des Herzogs von Braunschweig, der Hameln die bis dahin innegehabten Rechte garantiert. Von 1426 bis 1572 ist Hameln Mitglied des Hanse-Städtebundes. Mitte des 16. Jahrhunderts kommt es zu einem Großfeuer in der Stadt, das rund 160 Häuser vernichtet, gleichzeitig fordert die Pest ihre Opfer und dezimiert die Bevölkerung. Dennoch sind das 16. und 17. Jahrhundert mit einem wirtschaftlichen Aufschwung verbunden, der das Bild Hamelns nachhaltig verändert und prägt. Die Weser-Renaissance

Die Pfortmühle ist ein bedeutendes Industriedenkmal des 19. Jahrhunderts und das einzige historische Gebäude in Hameln, das an das Mühlengewerbe erinnert

hält Einzug in die Stadt, 1589 ist das „Leisthaus" fertig, 1602 entsteht der „Rattenfängerhaus", nur wenige Jahre später „Dempterhaus" und „Hochzeitshaus". Neben den Gebäuden im Stil der Weser-Renaissance gibt es in der vorbildlich sanierten Altstadt sehenswerte Fachwerkbauten wie das „Bürgerhus", das „Stiftsherrenhaus", das „Lückingsche Haus" sowie die mittelalterliche Stadtmauer mit Pulverturm und Haspelmathturm. Eine weitere Sehenswürdigkeit ist das Münster St. Bonifatius, dessen Geschichte mehr als 1000 Jahre zurückreicht.

Festungsstadt Hameln

Der Dreißigjährige Krieg macht auch vor den Toren Hamelns nicht halt und bremst den Aufschwung der Stadt. 1625 besetzt König Christian IV. von Dänemark als Kriegsoberster des Niedersächsischen Reichskreises vorübergehend Hameln, ihm folgt der kaiserliche Feldherr Tilly. Acht Jahre später belagern Herzog Georg von Braunschweig-Lüneburg und schwedische Soldaten die kaiserlichen Besatzungstruppen in Hameln, die nach der Niederlage

bei Hessisch Oldendorf kapitulieren und abziehen. Doch die militärische Geschichte der Stadt Hameln geht weiter. Im Jahre 1664 beginnt der Ausbau der Stadt zur stärksten Festung des Fürstentums Hannover, der Ende des 18. Jahrhunderts mit der Befestigung des Klütbergs abgeschlossen wird. Die mächtige Festung gilt als uneinnehmbar und wird als „Gibraltar des Nordens" bezeichnet. Während der Napoleonischen Kriege Anfang des 19. Jahrhunderts wird Hameln mehrfach durch fremde Truppen besetzt, 1806 kapitulieren die preußischen Festungstruppen und übergeben die Stadt kampflos an die Franzosen. Napoleon lässt die Festung schleifen und schafft damit Platz für die Ausweitung der Stadt.

1866 wird Hameln preußisch, einige Jahr später bekommt die selbstständige Stadt in der neuen Provinz Hannover mit der Eröffnung der Eisenbahnstrecke Hannover-Hameln-Altenbeken Anschluss an die neuen Verkehrslinien. Neben der traditionellen Mühlenindustrie entsteht 1889 die erste Teppichfabrik, 1895 wird das erste städtische Wasserwerk errichtet. Im Zweiten Weltkrieg von Bomben und Artilleriefeuer beschädigt, werden die zerstörten Gebäude wieder aufgebaut, ab Ende der 1960er Jahre erfolgt eine grundlegende Sanierung der historischen Altstadt, die erst 1993 abgeschlossen werden kann. Im Zuge der Gebietsreform wird die bisher selbständige Stadt Hameln im Jahre 1973 Teil des Landkreises Hameln-Pyrmont, dazu werden zwölf Umlandgemeinden der Stadt Hameln zugeordnet.

Der Rattenfänger von Hameln

Weltweit bekannt ist Hameln vor allem für eine historische Figur. Der Rattenfänger von Hameln ist die bekannteste deutsche Sage und wurde in mehr

als 30 Sprachen übersetzt. Die Geschichte beginnt im Jahre 1284, als ein wunderlicher, bunt gekleideter Mann in der Stadt auftaucht und sich für einen Rattenfänger ausgibt. Gegen einen entsprechenden Lohn wolle er die Stadt von allen Mäusen und Ratten befreien, so sein Versprechen. Die Hamelner Bürger willigen ein, der Rattenfänger zieht seine Pfeife heraus und pfeift, bis alle Ratten und Mäuse aus den Häusern gekrochen kommen. Er führt sie mit seinem Pfeifen heraus aus der Stadt in die Weser, bis alle ertrunken sind. Von der Plage befreit, verweigern jedoch die Hamelner dem Fremden den zugesagten Lohn, so dass dieser verbittert die Stadt verlässt. Doch in der Gestalt eines Jägers kehrt er zurück und lässt, während die Hamelner Bürger in der Kirche versammelt sind, seine Pfeife abermals in den Gassen ertönen. Jetzt folgen ihm alle Kinder und er führt sie zum Ostertor hinaus in einen Berg, wo er mit ihnen für immer verschwindet. Nur zwei Kinder kehren zurück, weil sie sich verspätet hatten; von ihnen war aber das eine blind, so dass es den Ort nicht zeigen konnte, das andere stumm, so dass es nicht erzählen konnte. Der historische Kern der Rattenfängersage konnte bis heute nicht mit letzter Sicherheit festgestellt werden. Unter den vielen Interpretationen hat der Hinweis auf die von Niederdeutschland ausgehende Ostkolonisation den größten Wahrscheinlichkeitsgrad. Demnach sollen die „Kinder von Hameln“ auswanderungswillige Hamelner Bürger gewesen sein, die von adligen Territorialherren zur Siedlung in Mähren, Ostpreußen, Pommern oder im Deutschordensland angeworben wurden.

Die Stadt Hameln trägt ihrem Wahrzeichen in vielerlei Hinsicht Rechnung. Beim sonntäglichen Rattenfänger-Freilichtspiel (Mai bis September) auf der Hochzeitshaus-Terrasse präsentieren rund 80 Darsteller in historischen Kostümen, wie es zum Auszug der Kinder aus Hameln kam. Das Musical „Rats“ ist eine humorvolle, 40-minütige Interpretation der Rattenfängersage und lebt von seiner musikalischen Vielfalt vom Walzer bis zum Rap. Dazu dreht der Rattenfänger im Glockenspiel am Hochzeitshaus täglich seine Runden, abwechselnd erklingen bei diesem Schauspiel das Rattenfängerlied und das Weserlied.

Vorspeisen

Salat von der Rotbarbe
In zweierlei Sesam gebratener Thunfisch
Emincé vom Kalbsrücken
Cannelloni von Garnelen mit Ingwergemüse
Wachtelkotelett im Mispel-Kürbissud

Salat von der Rotbarbe

mit gebratenen Zwiebeln und grünem Spargel

Für 4 Personen

2 Rotbarben à 500 g
24 Schalotten (grise)
8 EL Arganeöl
12 Stangen grüner Spargel
Abrieb von 1 Limone
Salz, Pfeffer
ca. 50 g Imperial-Kaviar
8 EL Noilly-Prat-Sauce (Fischvelouté)

1. Die Rotbarben schuppen, auslösen und entgräten. Die Schalotten schälen, leicht salzen und in dem Arganeöl dünsten. Die Hälfte der Schalotten mit etwas von dem Öl zu einem glatten Püree mixen. Den Spargel nur unten schälen und in kochendem Wasser 5–6 Minuten blanchieren.

2. Nun die Rotbarbenfilets salzen und pfeffern. Auf die Unterseite etwas von dem Limonenabrieb geben und dann auf der Hautseite ca. 2 Minuten braten. Umdrehen und sofort anrichten: Die noch heißen Schalotten abwechselnd mit dem Schalottenpüree anrichten. Auf das Püree jeweils eine kleine Kaviarnocke geben. Nun zwei Stangen Spargel an den Seiten anrichten und jeweils eine dickere Spargelscheibe zwischen die Schalotten platzieren. Die Sauce erhitzen, aufschäumen und angießen.

In zweierlei Sesam gebratener Thunfisch

mit Passionsfrucht-Wasabischmand und Kräutersalat

Für 4 Personen

400 g Thunfischfilet
2 EL schwarzer Sesam
2 EL heller Sesam
½ Noriblatt
2 Prisen Maldon Sea Salt
2 EL Passionsfruchtsaft
3 g Wasabipaste
4 EL Schmand
2 Knollen Minifenchel
¼ Thai-Mango
3 Limonen
1 TL brauner Zucker
1 EL Sesamöl
8 EL Olivenöl
1 EL Koriander, gehackt
Salz

40 g Kräutersalat
4 EL Rotweinvinaigrette

1. Den Thunfisch in einen dreieckigen Strang von ungefähr 240 g und ca. 4 cm Seitenlänge schneiden. Den Rest des Filets zu Tatar schneiden. Den Sesam mit dem Salz und gehackten Noriblättern vermengen. Darin den dreieckigen Thunfischstrang wälzen und scharf anbraten. Anschließend ruhen lassen.

2. Den Passionsfruchtsaft mit Wasabi und Schmand verrühren und mit Salz abschmecken. Den Minifenchel in ganz feine Scheiben schneiden und frittieren. Das Tatar mit sehr feinen Mangowürfeln, gehacktem Koriander, Limone, braunem Zucker, Salz, Oliven- und Sesamöl sowie Salz würzen.

3. Nun den Kräutersalat mit Rotweinvinaigrette marinieren. Den Thunfisch gleichmäßig aufschneiden und mit dem Thunfischtatar anrichten. Mit etwas Kräutersalat dekorieren.

Emincé vom Kalbsrücken

mit Thunfischcreme, Tomaten und gebackenen Kapern (Vitello)

Für 4 Personen

Thunfischcreme
200 g Thunfisch in Öl
3 Blätter Gelatine
50 ml Tomatensaft
50 ml Fischfond
2 Spritzer Limonensaft
Salz und Pfeffer
150 ml geschlagene Sahne

200 g rosa gebratener Kalbsrücken

Tomatenconcassée
2 Tomaten
8 EL Rotweinvinaigrette
1 EL fein geschnittener Schnittlauch

4 EL Kapern
1 Bund Rucolasalat
4 Prisen Flor de Sal (Kräutersalz mediterran)

1. Den Thunfisch abgießen. Die Gelatine in kaltem Wasser einweichen. Den Tomatensaft erhitzen und darin die Gelatine auflösen. Zusammen mit dem Thunfisch und dem Fischfond ganz fein mixen. Mit dem Limonensaft, Salz und Pfeffer abschmecken. Die geschlagene Sahne unterheben und in Förmchen, Gläser oder Schalen abfüllen und kalt stellen.

2. Den Kalbsrücken mit Salz und Pfeffer würzen, von allen Seiten kurz anbraten und ruhen lassen. Die Tomaten enthäuten, entkernen und in kleine Würfel schneiden, also ein Concassée herstellen. Nun mit Rotweinvinaigrette, Salz, Pfeffer und Schnittlauch marinieren.

3. Die Kapern in tiefem Fett braten. Die Thunfischcreme in einem tiefen Teller oder Glas anrichten, den Kalbsrücken dünn aufschneiden und auf der Thunfischcreme anrichten. Die gebratenen Kapern mit den Tomaten über das Fleisch geben. Zum Schluss den Rucolasalat leicht marinieren und das Gericht damit garnieren.

Cannelloni von Garnelen mit Ingwergemüse

und Kokos-Chili-Sauce

Für 4 Personen

Cannelloni
16 Garnelen
Salz
240 ml Sahne
70 g Mehl
35 g feiner Hartweizengrieß
1 Ei
1 TL Olivenöl

Ingwergemüse
1 rote Paprika
1 gelbe Paprika
2 Möhren
4 Zuckerschoten
Sesamöl
½ Knoblauchzehe
2 g frisch geriebener Ingwer
1 Prise Curry,
etwas Sojasauce
100 ml Mirin

Kokos-Chili-Sauce
200 ml Kokosmark
Saft von 2 Limonen
Harissa nach Geschmack

Friséeblätter

1. Die Garnelen ausbrechen und die Därme entfernen. Bei vier der Garnelen werden die letzten zwei Schwanzsegmente nicht entfernt. Acht Garnelenschwänze gut salzen und mindestens eine halbe Stunde kalt stellen. Dann in einem Mixer zerkleinern, bis sie Bindung bekommen. Nach und nach die Sahne dazumixen, bis eine glatte, glänzende Masse entsteht. Vier Garnelenschwänze in Würfel schneiden und dazugeben.

2. Aus dem Mehl, Hartweizengrieß, Ei und Olivenöl einen Nudelteig herstellen. Ca. 2 Stunden kühl stellen. Ganz fein ausrollen und 30 Sekunden in kochendem Wasser blanchieren. Nun in kleine Platten schneiden und die Garnelenfarce damit wie Cannelloni einrollen. Bei 130 °C 5 Minuten in den Ofen schieben.

3. Den pochierten Cannelloni auf dem Ingwergemüse anrichten. Die vier letzten Garnelen (mit Schwanzsegment) in mildem Knoblauchöl mit einem Rosmarinzweig braten.

4. Die Paprika schälen und entkernen. Die Möhren schälen. Die Zuckerschoten, die Paprika und die Möhren in feine Streifen schneiden. Die Paprika-, Zuckerschoten- und Möhrenstreifen in etwas Sesamöl dünsten. Dann den gehackten Knoblauch, den Curry, den Ingwer, die Sojasauce und das Mirin zugeben. Mit wenig Salz abschmecken. Das Kokosmark mit dem Limonensaft verrühren und mit Harissa abschmecken.

Wachtelkotelett im Mispel-Kürbissud

mit Lauch

Für 4 Personen

Wachteln
2 Wachteln
80 g Entenstopfleber
Salz, Pfeffer, Piment
50 ml Sahne
50 g Putenbrust
4 Blätter Spinat
80 g Schweinenetz
4 Rosmarinzweige

Mispel-Kürbissud
½ Sellerieknolle
100 ml Sahne
¼ Stange Lauch
6 Mispeln
100 ml Mirin
1 Sternanis
1 Lorbeerblatt
50 ml Riesling
½ TL Zucker
2 EL weißer Balsamico-Essig
Salz
½ Hokkaido-Kürbis

½ Bund Kerbel

1. Die Wachteln auslösen und die Haut von den Keulen und der Brust entfernen. Von der Keule auch den Oberschenkelknochen herausnehmen. Die Wachteln und Entenleber mit Salz, Pfeffer und Piment würzen. Aus der Putenbrust und der Sahne eine feine Farce herstellen. Den Spinat kurz abkochen und auf einem Tuch ausbreiten. Mit der Farce bestreichen und je ein Stück Entenstopfleber von etwa 20 g darin einschlagen. Die Unterseite der Wachtelbrust mit Farce bestreichen und das Spinatpäckchen darauflegen. Nun mit der Wachtelkeule abdecken, so dass der Unterschenkelknochen zur Seite hervorsteht. Die Rosmarinzweige mit blanchiertem Schnittlauch am Knochen befestigen. Die Wachteln im Schweinenetz einschlagen und von beiden Seiten 3 bis 4 Minuten anbraten. Die Pfanne vom Herd ziehen und die Wachteln weitere 4 Minuten ruhen lassen.

2. Den Sellerie schälen, würfeln und weich kochen. Dann das Wasser abgießen und mit der restlichen Sahne einkochen, bis fast keine Flüssigkeit mehr im Topf ist. Würzen und fein zu einem Püree mixen. Das Hellgrüne vom Lauch in 8 jeweils 10 cm lange und 2 cm breite Streifen schneiden und dünsten. 2 Mispeln entkernen und mit dem Mirin, Sternanis, Lorbeer, Riesling, Zucker, etwas Salz und dem Essig weich kochen. Danach 10 Minuten ziehen lassen. Die Gewürze herausnehmen und mixen. Den Kürbis und die restlichen Mispeln schälen bzw. enthäuten und in dünne runde Scheiben schneiden (ausstechen). In dem Sud aufkochen und 10 Minuten ziehen lassen.

3. Die Wachtelkeulen mit einem Teil des Suds glasieren, aufschneiden und mit dem Lauch und dem Mispel-Kürbisgemüse anrichten. Mit etwas Kerbel garnieren.

Suppen

Paprika-Ingwersuppe mit Chorizohippe
Heißer Geflügel-Mango-Smoothie mit Curry
Avocado-Limonensuppe mit Chili
Seafood Showder mit Korianderbrot
Grüne Erbsensuppe mit Minze
Rote-Bete-Suppe mit Kokosmilch und Kabeljau
Getrüffelte Artischockensuppe

Paprika-Ingwersuppe mit Chorizohippe

1. Die Schalotte schälen und mit Knoblauch, Rosmarin, Thymian und 1 Prise Paprikapulver in Olivenöl anschwitzen. Nun die grob gewürfelte Paprika und Kartoffel zugeben. Aufkochen und 15 Minuten köcheln lassen. Rosmarin und Thymian herausnehmen und die Sahne zugeben. Aufkochen und fein mixen. Von dem Ingwer 5 g zugeben und mit Salz abschmecken. Für die Ingwermilch Milch mit etwas Salz, dem Kurkuma und dem restlichen Ingwer aufkochen und ziehen lassen.

2. Das Mehl, 1 Prise Paprikapulver, Ei und 1 TL Olivenöl mit etwas Salz zu einem festen Teig verarbeiten. Dünn ausrollen, dünne Chorizoscheiben auflegen und noch mal mit einem Rollholz nachrollen. Zuschneiden. Nun in einer Pfanne von beiden Seiten kurz anbraten. Die Paprikasuppe eingießen, die gewürzte Milch aufschäumen und daraufgeben. Die Chorizohippe an- oder auflegen.

Für 4 Personen

1 Schalotte
1 Knoblauchzehe
1 Rosmarinzweig
2 Thymianzweige
½ TL Paprikapulver
etwas Olivenöl
350 g rote Paprika, entkernt
40 g geschälte mehlig kochende Kartoffel
750 g Geflügel- oder Gemüsebrühe
50 ml Sahne

Ingwermilch
10 g frische geriebene Ingwerwurzel
1 Prise Kurkuma
100 ml Milch

Chorizohippen
50 g Mehl
1 Prise Paprikapulver
25 g Vollei
2 TL Olivenöl
60 g Chorizo oder Salami
Salz, Pfeffer

Heißer Geflügel-Mango-Smoothie mit Curry

Für 4 Personen

Geflügel-Mango-Smoothie
10 g Sellerieknolle
30 g Weißes vom Lauch
40 g Apfel
30 g Butter
30 g Mehl
20 ml Riesling
800 ml kräftige Geflügelbrühe
200 ml Sahne
1 EL Curry
1 EL geröstetes Sesamöl
100 ml Mangopüree
2 Eier
Salz, Pfeffer

Poularden-Curry-Spieße
80 g Poulardenbrust
½ TL Sesam
1 TL Teriyakisauce

1. Den Sellerie, Lauch und Apfel in Stücke schneiden. In der Butter dünsten. Mit Mehl abstäuben. Mit dem Riesling ablöschen und sofort die Brühe zugeben. Aufkochen, Sahne zugeben, durchmixen und passieren.

2. Den Curry im Sesamöl rösten. Von der Geflügelrahmsuppe 300 ml zugeben. Dann mit dem Mangopüree auffüllen. Die 2 Eier unterrühren, würzen und in Gläser halbhoch einfüllen. Die Gläser 20 Minuten bei 95 °C im Ofen garen. Die restliche Geflügelrahmsuppe aufkochen, aufschäumen und die Gläser damit auffüllen.

3. Zum Schluss die Poulardenbrust in kleine Würfel schneiden, auf vier Spieße stecken, in Sesam wälzen, würzen und in einer Pfanne braten. Mit der Teriyakisauce ablöschen und glasieren.

Avocado-Limonensuppe mit Chili

warm oder kalt

1. Die Avocado und die Knoblauchzehe schälen. Die Limonen gut waschen und das Grün der Schale abreiben. Den Limonensaft und -abrieb, 100 ml von dem Tomatensaft, Zucker, Ingwer, Knoblauch, Avocado, Brühe und den Koriander gut durchmixen, bis alles ganz fein und glatt ist. Nun die Chilischote entkernen und fein hacken. Auch dazugeben und mit Salz und Tabasco abschmecken. Die Milch mit dem restlichen Tomatensaft vermengen, mit Salz und Tabasco würzen und schaumig aufmixen.

2. Die Suppe in Gläser verteilen und den Schaum daraufgeben. Die Suppe lässt sich kalt und warm essen oder auch in halbierten Avocadohälften servieren. Dazu das Avocadofleisch vorher einritzen und mit Salz und Limonensaft würzen. Dann die Suppe daraufgeben.

Für 4 Personen

1 Avocado mit 250 g Fruchtfleisch
1 Knoblauchzehe
2 Limonen
200 ml Tomatensaft
900 ml Geflügelbrühe
1 TL brauner Zucker
1 TL Ingwerpulver
3 Zweige frischer Koriander
1 rote Chilischote
1 Spritzer Tabasco (je nach Geschmack)
100 ml Milch

Salz

Seafood Showder mit Korianderbrot

Für 4 Personen

4 Jakobsmuscheln
4 Bouchotmuscheln
2 Rotbarbenfilets
4 Garnelen
4 Mini-Tintenfische à 30 g
400 g Tomaten
1 Zwiebeln
3 Knoblauchzehen
2 EL Olivenöl
2 Thymianzweige
1 Zweig frisches Fenchelgrün
1 Lorbeerblatt
20 ml Ricard
800 ml Fischfond
100 ml trockener Weißwein
Salz
frisch gemahlener Pfeffer

½ Baguette

1. Den Fisch und die Muscheln auslösen bzw. filieren. Die Tomaten überbrühen, häuten, vierteln und die Kerne entfernen. Die Zwiebeln und den Knoblauch abziehen und in feine Würfel schneiden. Das Olivenöl in einem Topf erhitzen. Die Zwiebel- und Knoblauchwürfel, Kräuterzweige und Lorbeerblatt darin andünsten. Mit Ricard ablöschen, den Fischfond zugeben und alles im offenen Topf 10 Minuten kochen lassen. Wein und Tomaten zugeben und mit Salz und Pfeffer würzen. Dann die halbierten Fischfilets, Tintenfisch und Muscheln etwa 5 Minuten gar ziehen lassen.

2. Die Garnelen aus der Schale lösen, am Rücken mit einem scharfen Messer einschneiden und den Darm entfernen. Die Garnelen anbraten und in Medaillons schneiden. Die Kräuterstängel entfernen und die Suppe mit Salz und Pfeffer abschmecken.

3. Das Baguette längs halbieren und in dünne Scheiben schneiden. Die Weißbrotstreifen in Öl braten und in Korianderpesto wälzen. Darauf die Garnelenstücke legen. Gehackten Koriander über die Suppe geben.

Grüne Erbsensuppe mit Minze

1. Die Schalotten schälen und die Erbsen auspulen. Die Schalotten in Scheiben schneiden und in der Butter dünsten. Die Minzeblätter von den Stielen abzupfen. Die Stiele zu den Schalotten geben und mit der Brühe auffüllen und aufkochen. Nun die Erbsen zugeben und 8 Minuten kochen lassen. Die Minzeblätter zugeben und fein mixen. Mit der Sahne verfeinern und mit Salz abschmecken.

2. Die Milch erhitzen, das Minzöl oder einige Minzeblätter zugeben, salzen und gut aufmixen. Zuerst die Erbsenminzsuppe in ein Glas geben und dann den Milchschaum auf der Suppe verteilen.

Für 4 Personen

1,5 kg Erbsenschoten, frisch oder 400 g Erbsen, geschält
2 Schalotten
10 g Butter
3 lange Minzstiele mit Blättern
600 ml Geflügelbrühe
100 ml Sahne
Salz
200 ml Milch
1 Spritzer Minzöl

Rote-Bete-Suppe mit Kokosmilch und Kabeljau

Für 4 Personen

Rote-Bete-Suppe
400 ml Rinderbrühe
400 g Rote Bete
10 ml Himbeeressig
20 g Himbeermark oder Himbeeren
50 g Kokosraspeln

Kokosmilch
200 ml Kokosmilch
10 ml Batida de Coco
Salz

120 g Kabeljaufilet
1 TL gehackter Koriander und Petersilie

1. Die Roten Beeten gut waschen und in 2 Liter Wasser ca. 2 Stunden kochen, bis sie weich sind. Die Rote Beeten abgießen und die Haut abziehen. Nun die Rinderbrühe aufkochen und mit den Kokosraspeln, Essig, Himbeermark oder Himbeeren sowie den Roten Beten glatt mixen. Mit Salz abschmecken. In Tassen oder Gläser füllen.

2. Die Kokosmilch salzen und mit Batida de Coco abschmecken. Erhitzen und aufmixen. Nun die aufgeschäumte Kokosmilch auf die Suppe geben. Den Kabeljau in vier Stücke schneiden, aufspießen, würzen und dämpfen. Mit den Kräutern bestreuen und anrichten.

Getrüffelte Artischockensuppe

mit weißem Zimtschaum und Seeteufel

1. Den Trüffelsaft mit 5 g Trüffel und der Kalbsjus aufkochen. Den Trüffel mit einem Mixstab in die Flüssigkeit einmixen. Die anderen 5 g hacken und zugeben. Mit Salz und reduziertem Madeira abschmecken. Das Ei dazugeben, unterrühren und in vier Gläser abfüllen. Etwa 20 Minuten bei 95 °C im Ofen garen.

2. Die Artischocken, die Champignons und die Schalotte klein schneiden und mit 1 EL Trüffelöl anschwitzen. Mit Weißwein ablöschen und mit der Geflügelbrühe auffüllen. Dann 10 Minuten kochen lassen und fein mixen. Die Sahne zugeben und mit Salz abschmecken.

3. Milch mit der Zimtstange aufkochen, leicht salzen und mindestens 20 Minuten ziehen lassen. Zum Schluss die Zimtstange herausnehmen und die Milch gut aufschäumen. Den Seeteufel in vier Stücke schneiden und mit etwas Trüffelöl anbraten.

4. Nun die Artischockensuppe auf die Royal vom Trüffel geben. Die aufgeschäumte Zimtmilch vorsichtig obenauf füllen. Mit dem Seeteufel garnieren und servieren.

Für 4 Personen

Gestockter Trüffel oder Royal vom Trüffel
200 ml Trüffelsaft
10 g Perigord-Trüffel
20 g Kalbsjus
Salz
1 TL reduzierter Madeira
1 Ei

Artischockensuppe
2 Artischockenböden
6 Champignons
1 Schalotte
2 EL Trüffelöl
1 Spritzer Weißwein
500 ml Geflügelbrühe
100 ml Sahne

Weißer Zimtschaum
200 ml Milch
1 Zimtstange

120 g Seeteufel

Fisch

Reinerbecker Störfilet mit Rauchöl
Mit Bündnerfleisch gespickter St. Pierre
Wolfsbarsch mit Brandade auf Rhabarber
Steinbuttfilet auf karamellisiertem Chicorée
Strudel von Bachsaibling und Zander
Im Ganzen gebratene Seezunge

Reinerbecker Störfilet mit Rauchöl

auf gegrilltem Spargel

Für 4 Personen

600 g Störfilet
80 ml Sahne
240 ml weiße Fischsauce
60 g Schweinenetz
20 Stangen grüner Spargel
2 EL Gemüsebrunoise (kleine Gemüsewürfel von Karotte, Lauch und Sellerie)
4 EL Rauchöl
Salz
100 ml roter Portwein
200 ml Beaujolais
1 Prise Zucker
1 Stück Schalotte
1 Zweig Thymian
100 g kalte Butterstückchen

1. Vom Störfilet ein 480 g großes Stück schneiden. Den Rest gut salzen, kalt stellen und dann cuttern (mixen). Nach und nach die Sahne und zum Schluss 40 ml Fischsauce untermixen. Die Gemüsebrunoise abkochen und unter die Farce heben.

2. Nun das Schweinenetz ausbreiten und mit Farce bestreichen. Das Störfilet darin einschlagen. Jetzt gibt man das Störfilet mit etwas Rauchöl in eine kalte Pfanne und erhitzt sie. Dadurch kann das Fett des Schweinenetzes besser ausbraten und man verhindert, dass es reißt.

3. Der Spargel wird 2–3 Minuten gekocht und dann gegrillt. Das Störfilet aufschneiden und auf dem Spargel anrichten. Gut aufschäumen. Den Rot- und Portwein mit der in Scheiben geschnittenen Schalotte und dem Thymianzweig einkochen, bis er fast Blasen schlägt. Schalotte und Thymian entfernen und nach und nach die kalte Butter einrühren.

Mit Bündnerfleisch gespickter St. Pierre

auf Blattspinat und Tomatenkonfitüre

Für 4 Personen
muss einen Tag ziehen

St. Pierre
480 g St. Pierre-Filet
4 Scheiben Bündnerfleisch, in Streifen geschnitten
1½ Auberginen
Olivenöl
4 kleine Tomaten, gehäutet und entkernt
1 EL Crème fraîche
1 TL Honig
½ kleine Chilischote
4 Kirschtomaten, enthäutet
1 Knoblauchzehe
Salz, Fenchel, Rosmarin, Thymian
½ Schalotte
1 cl Pastis
Olivenöl

Tomatenkonfitüre
500 g Tomaten
1 rote Zwiebel, fein gewürfelt
1 Knoblauchzehe, gehackt
½ Chilischote, gehackt
5 g Ingwer, frisch gerieben
2 EL Schalottenessig
50 ml Rotwein
50 ml Portwein
2 EL Gelierzucker 3:1
3 g gemörserte Fenchelsamen
3 EL Olivenöl

Blattspinat
500 g Blattspinat
30 g Butter
1 Schalotte
Salz, Pfeffer, Muskat

Minibasilikum als Garnitur
Fischvelouté
Sahne

1. Das Filet mit einem Spickmesser einschneiden und das Bündnerfleisch hineinstecken. Den St. Pierre kurz vor dem Servieren 1 Minute beidseitig anbraten, darf etwas glasig in der Mitte sein.

2. Eine Aubergine in 12 Scheiben schneiden, ausstechen, salzen und in Olivenöl anbraten. Tomaten gleich groß wie die Auberginen ausstechen, restliche Tomaten würfeln. Die halbe Aubergine 20 Minuten bei 160 °C backen, Inneres herausholen und mit Crème fraîche und Honig einkochen. Chilischote entkernen, fein hacken und mit den Tomatenwürfeln dazugeben. Tomaten- und Auberginenscheiben in eine kleine Schüssel fächerförmig einlegen und mit dem Auberginenmousse füllen. Zum Servieren kurz im Ofen erhitzen. Fenchel, Rosmarin, Knoblauch, Thymian und Schalotte in Olivenöl anschwitzen und mit dem Pastis ablöschen. Kirschtomaten zugeben und leicht salzen. Kurz erhitzen und einen Tag bei Zimmertemperatur durchziehen lassen. Vor dem Servieren kurz in einer Pfanne mit etwas Olivenöl erhitzen.

3. Tomaten vierteln und in Olivenöl anschwitzen, bei 135 °C ca. 45 Minuten im Backofen dünsten und durch ein Sieb passieren. Zwiebel mit Knoblauch, Essig, Ingwer, Rot- und Portwein sämig einkochen. Tomaten zugeben und mit Chili, Fenchelsamen und Gelierzucker kurz aufkochen und noch heiß in ein Glas abfüllen.

4. Den Spinat in kochendem Salzwasser kurz blanchieren, gut abtropfen lassen oder auf einem Küchenhandtuch trocknen. Die Schalotte in feine Würfel schneiden und in der Butter glasig dünsten. Dann den Spinat zufügen und kurz in der Schalottenbutter schwenken. Mit Salz, Pfeffer und Muskat würzen.

5. Die Fischvelouté erhitzen, mit etwas Sahne auffüllen und gegebenenfalls nachwürzen. Mit dem Mixstab aufschäumen. Die Auberginenmousse auf einem vorgewärmten Teller anrichten. Daneben den Blattspinat geben und den frisch gebratenen St. Pierre daraufsetzen. Die Kirschtomaten ebenfalls platzieren und mit etwas Minibasilikum garnieren. Zum Schluss die aufgeschäumte Velouté angießen. Die Tomatenkonfitüre dazu servieren.

Wolfsbarsch mit Brandade auf Rhabarber

und Spitzkohl

1. Das Stockfischfilet 1 Tag wässern. Dabei das Wasser zwei- bis dreimal wechseln. Dann mit kaltem Wasser zum Kochen bringen und ca. 10 Minuten köcheln lassen. Das Wasser abgießen und die Gräten entfernen. Nun mit der Milch und der Knoblauchzehe mixen und dabei heißes Olivenöl mit einmixen. Das Kartoffelpüree und die Kräuter zugeben.

2. Beim Wolfsbarschfilet jeweils eine Tasche unter der Haut einschneiden und mit dem Stockfischpüree füllen. Bei milder Hitze vorwiegend auf der Hautseite braten. Erst zum Schluss kurz wenden und dann anrichten. Zum Aromatisieren ein paar Thymian- und Rosmarinzweige sowie eine angedrückte Knoblauchzehe mit in die Pfanne geben.

3. Den Rot- und Portwein mit der in Scheiben geschnittenen Schalotte, dem Zucker und dem Thymianzweig einkochen, bis er fast Blasen schlägt. Darin die Rhabarberstifte garen. Schalotte und Thymian entfernen und nach und nach die kalte Butter einrühren.

4. Den Spitzkohl in etwas Butter dünsten. Alles mit etwas Salz würzen. Die Kräuter mit der Vinaigrette marinieren und den Fisch auf dem Rhabarber und dem Spitzkohl anrichten.

Für 4 Personen
muss 1 Tag wässern

Wolfsbarsch
80 g Stockfisch (von kleinen, nicht ganz durchgetrockneten Fischen)
120 ml Milch
1 Knoblauchzehe
20 ml Olivenöl
3 EL Kartoffelpüree
1 EL gehackte Petersilie mit etwas Rosmarin
480 g Wolfsbarschfilet

Rhabarber
100 ml roter Portwein
200 ml Beaujolais
1 Schalotte
1 Prise Zucker
1 Thymianzweig
1½ Stangen Rhabarber, geschält und in Stifte geschnitten
100 g kalte Butterstückchen
Salz

Spitzkohl
½ Kopf Spitzkohl
20 g Butter

50 g gemischte Kräuter, z.B. Kerbel, Basilikum, Minikresse, Löwenzahn
1 EL Weißweinvinaigrette

Steinbuttfilet auf karamellisiertem Chicorée

mit „Black Beans“ und wildem Spargel

Für 4 Personen

Steinbutt
560 g Steinbuttfilet
Salz, Pfeffer
Pflanzenöl zum Braten

Karamellisierter Chicorée und Paprika
28 Chicoréeblätter
6 EL Würfel von geschälter Paprika
Salz, Zucker
Butter

Wilder Spargel
4 Bund wilder Spargel
Schnittlauch

Black Beans
2 EL Black-Bean-Paste
80 g Butter

200 ml Fischsauce
Kerbel
Zucker, Salz

1. Den Steinbutt in vier Portionen teilen, würzen und in Pflanzenöl glasig garen. Für den karamellisierten Chicorée Chicoreeblätter auf ein gut gebuttertes Backblech legen. Leicht salzen und gut zuckern. Im Ofen ca. 15 Minuten bei 160 °C garen und leicht braune Farbe nehmen lassen. Die Paprikawürfel in etwas Butter garen.

2. Nun den Spargel abkochen und mit blanchiertem Schnittlauch zusammenbinden. Für die Black Beans Butter zu Nussbutter erhitzen und die Black-Bean-Paste einrühren.

3. Den Chicorée sternförmig auf einem Teller anrichten und in die Zwischenräume die Paprikawürfel und die Black Beans geben. Den Steinbutt darauflegen und obenauf ein Spargelpäckchen legen. Die Fischsauce aufschäumen, mit Zucker und Salz abschmecken und mit Kerbel garnieren.

Strudel von Bachsaibling und Zander

mit „Leipziger Allerlei"

Für 4 Personen

Fischroulade
280 g Zanderfilet
200 g Saiblingsfilet
60 ml Sahne
20 ml Fischsauce
4 große Blätter Blattspinat

Strudelteig
180 ml Wasser
350 g Mehl
1 Ei
Salz
etwas Öl
etwas flüssige Butter

Leipziger Allerlei
100 g frische Morcheln
8 Stangen Spargel
8 Zuckerschoten
8 Minimöhren
4 Flusskrebse à 150 g
Butter, Salz, Zucker

120 ml Krustentiersauce

1. Vom Zanderfilet etwa 80 g gut salzen und durchkühlen. In den Mixer geben und nach und nach die 60 ml Sahne zugeben. Danach die 20 ml Fischsauce einmontieren. Den Blattspinat kurz blanchieren und auf einem Tuch auslegen. Mit Farce bestreichen und das gewürzte Saiblingsfilet darin einrollen. Das Zanderfilet aufschneiden und leicht plattieren. Darin das Saiblingsfilet einschlagen und zusammenrollen.

2. Für den Strudelteig die Zutaten in einer Küchenmaschine glatt kneten. Herausnehmen und mit einer Hand ohne Mehl auf dem Tisch schleifen, bis sich der Teig gut vom Tisch löst. Mit etwas Öl benetzen, gut mit Folie abdecken und ca. 1 Stunde ruhen lassen. Nun auf einem bemehlten Tuch so dünn ausrollen wie es geht. Danach mit den Händen ausziehen, bis er hauchdünn ist. Mit flüssiger Butter bestreichen und die Fischroulade darin einschlagen. Außen mit Butter bepinseln und bei 280–300 °C im Ofen 4–5 Minuten backen. Anschließend etwa 3 Minuten ruhen lassen und dann aufschneiden.

3. Die Morcheln putzen, gut waschen und anbraten. Den Spargel und die Zuckerschoten abkochen. Die Möhren mit etwas Salz und Zucker gar dünsten. Die Flusskrebse 2 Minuten kochen und ausbrechen.

4. Die Krustentiersauce kurz erhitzen, eventuell abschmecken und aufschäumen. Den Strudel und das Leipziger Allerlei anrichten und die Krustentiersauce angießen.

Im Ganzen gebratene Seezunge

mit Kapern-Kräuterbutter

Für 4 Personen

Seezunge
4 Seezungen à 600 g
Olivenöl zum Braten

Kapernbutter
2 Tomaten
4 Kartoffeln
1 Knoblauchzehe
1 Schalotte
100 g Butter
4 EL Kapern
1 EL gehackte Petersilie mit etwas Rosmarin
Salz, Pfeffer

1. Die Seezungen abziehen, ausnehmen und zuschneiden. Die Seezungen würzen und im Olivenöl heiß braten, bis sie fast gar sind. Aus der Pfanne herausnehmen.

2. Aus den Tomaten ein Tomatenconcassée herstellen (siehe S. 48). Die Kartoffeln schälen und ebenfalls in kleine Würfel schneiden. Den Knoblauch hacken und die Schalotte in feine Würfelchen schneiden. Die Kartoffelwürfel in der Pfanne mit den Schalottenwürfeln braten. Wenn sie fast gar sind, den Knoblauch, die Butter, die Tomaten und die Kapern zugeben. Die Butter aufschäumen lassen und die Kräuter einstreuen.

3. Die Seezunge auf einem vorgewärmten Teller anrichten. Die Kapernbutter mit dem Gemüse leicht würzen und über die Seezunge geben. Noch etwas von der flüssigen Butter an die Seite gießen.

Fleisch

Müritz-Lammrücken im Brikteig
Schmortopf vom „Heide-Hereford-Rind"
Challans-Entenbrust mit Quittengelee
Schnitzel „Münchhausen" mit Entenleber
Rosa gebratener Kalbstafelspitz
Rehrücken mit Orangen-Gewürzjus

Müritz-Lammrücken im Brikteig

mit Bohnen, Artischocken und Oliven-Kartoffelpüree

Für 4 Personen

Lammrücken im Brikteig
60 g Putenbrust
60 ml Sahne
6 EL Lammjus
160 Keniabohnen
4 Blätter Brikteig
480 g Lammrücken vom Müritzlamm, pariert

Artischockencreme und Paprikawürfel
2 Artischockenböden
½ EL Crème fraîche
4 EL Rote Paprikawürfel, ohne Haut

Gefüllte Zucchini
1 Zucchini
4 EL Kartoffelpüree (siehe Rezept Schnitzel, S. 92)
16 Oliven
4 Spitzen Minibasilikum
Tomatenkonfitüre (siehe S. 75)

2 EL Lammjus

1. Die Putenbrust enthäuten und die Sehnen entfernen, in Würfel schneiden, salzen und kalt stellen. Im Mixer mit dem Messer zerkleinern und nach und nach die Sahne zugeben. Mit etwas Lammjus abschmecken. Die Farce dünn auf die Brikteigblätter streichen. Dann die gekochten Bohnen auflegen. Pro Päckchen werden ca. 40 Bohnen benötigt. Den Lammrücken darin einwickeln und von allen Seiten anbraten. Dann für 2–3 Minuten in den auf 175 °C vorgeheizten Ofen schieben, herausnehmen und 5 Minuten ruhen lassen.

2. Die Artischockenböden weich kochen. Mit der Crème fraîche zusammen einkochen und mixen. Darauf werden die geschwenkten, roten Paprikawürfel angerichtet.

3. 4 kleine Ringe mit angebratenen Zucchinischeiben auslegen. Das Kartoffelpüree mit 12 grob gehackten Oliven vermengen und in die Ringe einfüllen. Obenauf eine Olive, Basilikum und etwas Tomatenkonfitüre als Garnitur geben.

4. Die mit Kartoffel-Oliven-Stampf gefüllten Zucchini auf einen Teller setzen. Vom Lammrücken eine Scheibe von jeder Portion abschneiden und auf der Artischockencreme mit Paprikawürfeln anrichten. Mit erwärmter Lammjus dekorieren

Schmortopf vom „Heide-Hereford-Rind“

mit Pfifferlingen und Lauchzwiebeln

1. Das Fleisch in Würfel schneiden und die dicken Fettstücke und Sehnen entfernen. Nicht zu viel Fett abschneiden, da es sonst trocken wird. Das Fleisch scharf anbraten.

2. Dann das Röstgemüse zugeben und mitrösten. Zum Schluss die Tomaten zugeben. Mit Rotwein und Madeira ablöschen, reduzieren und mit dem Rinderfond auffüllen. 1½ Stunden im geschlossenen Gefäß schmoren. Das Fleisch auslösen, die Sauce passieren und einkochen, bis sie sämig ist. Dann das Fleisch wieder zur Sauce geben.

3. Die Pfifferlinge waschen und anbraten. Etwas Bratenfond zugeben und geschlagene Sahne unterheben. Die Lauchzwiebeln in Butter dünsten. Die Kartoffeln in feine Streifen schneiden, kurz wässern, abtrocknen und frittieren.

4. Das geschmorte Rind und das Gemüse abwechselnd übereinanderschichten und obenauf mit dem Kartoffelstroh dekorieren.

Für 4 Personen

Geschmortes Rind
1 kg Schaufelbraten vom Herford-Rind (alternativ Bäckchen vom Herford-Rind)
100 g Röstgemüse (Lauch, Zwiebel, Möhre, Sellerie in Würfeln)
60 g Tomaten
250 ml Rotwein
200 ml Madeira
800 ml Rinderfond
50 ml Sahne
Salz, Pflanzenfett, Pfefferkörner, Butter

Schmorgemüse
400 g Pfifferlinge
20 Lauchzwiebeln
2 EL geschlagene Sahne

Kartoffelstroh
2 Kartoffeln

Challans-Entenbrust mit Quittengelee

und Rauchmandel-Couscous

Für 4 Personen

4 Entenbrüste

Couscous
120 g Couscous
1 EL Rauchöl
Wasser, Lorbeer, Salz
12 Rauchmandeln

Entenleberravioli
80 g Entenmastleber
Nudelteig (siehe S. 100)

Pastinakenpüree
150 g Pastinake
1 EL Sahne

Quittengelee
500 g Quitten
¼ unbehandelte Zitrone
Zucker
6g Agar-Agar-Pulver

Brikteigrolle
1 Blatt Brikteig
80 g Kürbis-Chilipüree
1 Spritzer Apfel-Balsamessig

8 EL Geflügeljus
Quittensaft
Apfel-Balsamessig

1. Die Entenbrust ca. 8 Minuten bei mäßiger Hitze nur auf der Hautseite braten. In der Pfanne wenden und weitere 5 Minuten ohne Hitzezugabe in der Pfanne liegen lassen. (Die Restwärme reicht aus.)

2. Etwas Wasser mit dem Rauchöl, Lorbeer und Salz aufkochen. Davon jeweils 1–2 EL Wasser zum Couscous geben, verrühren und 2–3 Minuten quellen lassen. Diesen Vorgang wiederholen, bis der Couscous weich ist. Von den Rauchmandeln 6 Stück hacken und zum Couscous geben. Die restlichen Mandeln halbieren und damit den Couscous garnieren.

3. Die Entenmastleber in 4 kleine Scheiben schneiden, würzen und anbraten. Mit dem Nudelteig wie Ravioli verarbeiten. Kurz vor dem Servieren 3 Minuten in kochendem Wasser ziehen lassen.

4. Die Pastinake schälen, in Würfel schneiden und weich dämpfen. Mit der Sahne verkochen und dann mixen.

5. Die Quitten entsaften und mit etwas Zitrone und Zucker abschmecken. Pro Liter Flüssigkeit 6 g Agar-Agar-Pulver mit aufkochen. In einem flachen Gefäß auskühlen lassen und in dicke Streifen schneiden. Kurz vor dem Anrichten vorsichtig auf 50 °C erwärmen.

6. Den Brikteig in 4 gleich große Teile schneiden und um einen dünnen Holzstab (oder Kochlöffelstiel) wickeln. In heißem Fett oder im Ofen braun backen. Mit dem Pastinakenpüree füllen und auf dem Quittengelee anrichten.

7. Zur Geflügeljus etwas Quittensaft und einen Spritzer Apfel-Balsamessig geben. Nun die Entenbrust mit der Jus anrichten. Daneben das Couscous mit den Rauchmandeln, dann das Raviolo von Entenleber und zum Schluss den mit Pastinakenpüree gefüllten Brikteig auf Quittengelee platzieren.

Schnitzel „Münchhausen" mit Entenleber

Kartoffelstampf und Röstzwiebeln

Für 4 Personen

Schnitzel Münchhausen
320 g Kalbsrücken, schier
300 g Entenstopfleber
1 Zwiebel
Paprikapulver
Quatre Epices
Mehl, Ei, Paniermehl
Pflanzenfett zum Braten und Frittieren
Salz

Kartoffelpüree
400 g geschälte Kartoffeln
150 ml Sahne
150 g Butter

Spargel
12 Stangen grüner Spargel

½ Gravensteiner Apfel
2 EL Kalbsjus
2 cl Calvados

1. Vier Schnitzel à 80 g schneiden und flach plattieren. Dann würzen, mehlieren, durch angeschlagenes Ei ziehen und in Paniermehl wälzen. Die Entenleber in vier Scheiben à 60 g, den Rest in kleine Würfel schneiden. Die Zwiebel in Ringe schneiden, mit Salz und Paprika würzen. Mehlieren und frittieren. Die Leber mit Salz und Quatre Epices würzen. Von beiden Seiten anbraten und einige Minuten in der Pfanne liegen lassen.

2. Die Kartoffeln kochen und stampfen. Mit der Sahne und der Butter zu einem Brei verarbeiten und leicht salzen. Das Püree in einem Ring anrichten. Den Spargel in Salzwasser kochen. Je Portion eine Stange zu Ragout schneiden und 2 Stangen ganz lassen.

3. Den geschälten halben Apfel würfeln und mit den Leberwürfeln scharf anbraten. Mit Calvados ablöschen und über das gebratene Schnitzel geben. Die Leber auf dem Kartoffelpüree anrichten und darauf die Zwiebeln geben. Die Leber und das Püree mit etwas Kalbsjus glasieren. Von je einer Stange Spargel das Ragout unter dem Schnitzel anrichten und zwei Stangen anlegen.

Rosa gebratener Kalbstafelspitz

mit gebackenen Bohnen und Kartoffelrisotto

Für 4 Personen
muss 1 Tag ziehen

1 Stück Kalbstafelspitz à 600–800 g

Kirschtomaten
4 Kirschtomaten
1 Knoblauchzehe
1 Schalotte
Salz, Fenchel, Rosmarin, Thymian
10 ml Pastis

Frittierte Bohnen
60 feine grüne Bohnen
4 Scheiben Serranoschinken
Mehl, Ei, Paniermehl
Salz

Bouillongemüse
6 Kartoffeln
500 ml Geflügelbrühe
4 EL Gemüsebrunoise (sehr feine Würfel von Karotte, Sellerie und Lauch)
3 EL frisch geriebener Parmesan
50 g kalte Butter in Würfeln
2 EL fein geschnittener Schnittlauch

1. Beim Kalbstafelspitz den Fettdeckel nicht entfernen. Am unteren Teil die Sehnen entfernen, würzen und auf der Fettseite anbraten. Austretendes Fett abgießen. Für ca. 12 Minuten in den auf 175 °C vorgeheizten Ofen schieben. Danach mindestens 3 Stunden bei 69 °C Niedertemperatur fertig garen.

2. Die Kirschtomaten enthäuten. Den Fenchel mit Rosmarin, Knoblauch, Thymian und fein gewürfelter Schalotte in Olivenöl anschwitzen und mit dem Pastis ablöschen. Die Kirschtomaten zugeben und leicht salzen. Kurz erhitzen und am besten einen Tag bei Zimmertemperatur durchziehen lassen. Die Bohnen abkochen, im Serranoschinken einwickeln und dann panieren. Die Bohnen frittieren.

3. Die Kartoffeln schälen, in kleine Würfel schneiden und in der Geflügelbrühe kochen. Nach 10 Minuten die Gemüsebrunoise zugeben und eine weitere Minute kochen. Jetzt den Parmesan zugeben, die kalte Butter unterrühren, den Schnittlauch zugeben und anrichten.

4. Den Kalbstafelspitz in hauchdünne Scheiben schneiden. Die frittierten Bohnen aufschneiden und alles zusammen in einem tiefen Teller anrichten.

Rehrücken mit Orangen-Gewürzjus

und Feigen-Polenta

Für 4 Personen

Feigenpolenta
200 ml Wasser
100 ml Sahne, Prise Salz, Kurkuma
2 EL Sesamöl
100 g Polentagrieß, mittlere Körnung
6 Feigen
60 ml Cassis

Rehrücken
480 g Rehrücken, schier
Salz, Quatre Epices

Gewürzjus
20 g Schalottenwürfel
4 Korianderkörner
6 weiße Pfefferkörner
4 Wacholderbeeren
2 Kardamomkapseln
1 Sternanis
1 Lorbeerblatt
1 Thymianzweig
1 EL Sesamöl
60 ml Portwein
60 ml Rotwein
60 ml Orangensaft
50 ml Holundersaft
200 ml Rehjus
2 Orangen

8 Röschen Brokkoli

1. Das Wasser mit der Sahne, dem Kurkuma, Salz und dem Sesamöl aufkochen. Den Polentagrieß einrieseln lassen und einmal aufkochen. Auf vier Metallringe verteilen. Dann 2 der Feigen halbieren und von beiden Seiten kurz anbraten. Mit dem Cassis ablöschen, reduzieren und dann in die Polentaringe drücken. Die Polenta auskühlen lassen und dann mit den Ringen von oben und unten anbraten. Die vier verbliebenen Feigen über Kreuz einschneiden, mit Sesamöl und Cassis beträufeln und für 3 Minuten bei 195 °C in den Ofen schieben.

2. Den Rehrücken salzen und mit Quatre Epices würzen. Von allen Seiten anbraten und für 2 Minuten in den auf 175 °C vorgeheizten Ofen schieben. Kurz ruhen lassen.

3. Die Schalottenwürfel und Gewürze im Sesamöl anschwitzen. Den Portwein, den Rotwein, den Orangen- und den Holundersaft zugeben. Stark reduzieren. Mit der Rehjus auffüllen und 30 Minuten ziehen lassen. Dann passieren. Von der Orangenschale Zesten abziehen. Die Orangen filieren. Den aufgefangenen Orangensaft mit zur Sauce geben. Die Zesten als Garnitur auf die Feige geben.

4. Die Brokkoliröschen 2 Minuten in gesalzenem Wasser abkochen. Die Orangenfilets auf dem Teller anrichten. Darauf den aufgeschnittenen Rehrücken geben, die Feigenpolenta ebenfalls daneben platzieren und mit Brokkoli und Gewürzjus dekorieren.

Vegetarisch

Gebackene Ziegenkäseravioli

auf Ratatouilleschaum

1. Aus den angegebenen Zutaten einen Nudelteig herstellen und etwa eine halbe Stunde ruhen lassen.

2. Den Knoblauch hacken und mit dem Eigelb, dem Frischkäse und dem in feine Streifen geschnittenen Basilikum vermengen, leicht salzen. Den Nudelteig ausrollen und mit der Ziegenkäsemasse füllen. Mit Hilfe von Raviolíförmchen zu Teigtaschen formen und kurz vor dem Servieren erst frittieren.

3. Die Paprika schälen und die Tomaten abziehen. Beides entkernen und in feine Würfel schneiden. Die Schalen von Paprika und Tomaten in Olivenöl anschwitzen. Den Rosmarin, den Thymian und das Tomatenmark zugeben. Kurz mitrösten und mit Wasser auffüllen. 4 Minuten durchkochen, dann mixen und durch ein Sieb passieren. Die Zucchini auch in feine Würfel schneiden. Nun alle Gemüsewürfel anschwitzen und mit dem Fond ablöschen. Einkochen und die geschlagene Sahne unterheben.

4. Den Ratatouilleschaum auf einen Teller geben. Die Ravioli frittieren und darauflegen. Den Kräutersalat marinieren und anlegen.

Für 4 Personen

Nudelteig
140 g Mehl
60 g feiner Hartweizengrieß
1 Ei
2 Eigelb
1 Msp Kurkuma
Salz
1 EL Olivenöl

Ziegenkäseravioli
1 Knoblauchzehe
3 Eigelbe
240 g Ziegenfrischkäse
6 Blätter Basilikum

Ratatouilleschaum
1 rote Paprika
1 gelbe Paprika
2 Tomaten
1 Zucchini
1 Thymianzweig
1 Rosmarinzweig
1 TL Tomatenmark
100 ml Sahne
Salz, Olivenöl

40 g Kräutersalat aus Kerbel, Melisse, Kresse, Basilikum, Rucola, Löwenzahn
2 EL Rotweinvinaigrette

Auberginenlasagne mit Pecorinohippe

mit Ofentomate und Pesto

Für 4 Personen
muss 1 Tag ziehen

Auberginencreme
2 Auberginen
etwas Meersalz
1 TL Olivenöl
1 EL Crème fraîche
1 TL Honig
½ kleine Chilischote

Auberginenlasagne
1 Aubergine
1 gelbe Paprika
2 Tomaten
1 Zucchini
Salz und Pfeffer

Pesto
160 g Basilikum
Meersalz
1 Knoblauchzehe
100 ml Olivenöl
10 g Pinienkerne
15 g Parmesan

Ofentomaten
9 Kirschtomaten
½ Fenchelknolle
1 Knoblauchzehe
1 Schalotte
½ Bund Basilikum
1 Thymianzweig
1 Rosmarinzweig
10 ml Pastis

Pecorinohippen
4 EL fein geriebener Pecorino (nicht zu trocken)

1. Die Auberginen 20 Minuten in einen auf 160 °C vorgeheizten Ofen schieben. Das Innere herausholen und mit etwas Meersalz, Olivenöl, Crème fraîche und Honig einkochen. Die Chilischote entkernen, fein hacken und dazugeben. Zu einer feinen Auberginencreme verrühren.

2. Von einer Aubergine einige Scheiben abschneiden, mehlieren und frittieren. Den Rest der Aubergine schälen, längs in Scheiben schneiden und braten. Die Paprika schälen und die Tomaten enthäuten, die Kerne entfernen und beides in feine Würfel schneiden. Die Zucchini auch in feine Würfel schneiden. Die Gemüsewürfel anschwitzen und würzen, schichtweise mit den langen, gebratenen Auberginenscheiben (siehe oben) auftürmen.

3. Für das Pesto die Basilikumblätter mit Meersalz, Knoblauch und Olivenöl fein mixen. Dann erst die gerösteten Pinienkerne und den Parmesan untermixen.

4. Die Kirschtomaten enthäuten. Den Fenchel mit Rosmarin, Thymian, Knoblauch und Schalotte in Olivenöl anschwitzen und mit dem Pastis ablöschen. Die Kirschtomaten zugeben und leicht salzen. Kurz erhitzen und am besten einen Tag bei Zimmertemperatur durchziehen lassen, danach die Tomaten abtropfen lassen.

5. Nun den geriebenen Pecorino in eine heiße gefettete Pfanne streuen. Zerlaufen lassen und kurz abkühlen lassen. Dann umdrehen und nochmals in der Pfanne erhitzen. Herausnehmen und in vier Streifen schneiden.

6. Die aufgeschichtete Lasagne auf einem Teller anrichten und die Pecorinohippen obenauf legen. Die Auberginencreme mit den frittierten Auberginenscheiben garnieren und dazu die Ofentomaten setzen. Etwas Pesto längs dazu angießen.

Kürbis-Ingwerquiche mit Lauch

Für 4 Personen

Kürbis-Ingwer-Quiche
800 g Hokkaidokürbis, geschält und entkernt
200 g Butter
250 g Mehl
6 Eier
½ TL geriebener Ingwer
Salz

Lauchgemüse
2 Stangen Lauch

Zimtsauce
6 g Butter
6 g Mehl
100 ml Gemüsebrühe
1 Stange Zimt
Saft von 1 Zitrone
Salz
50 ml Sahne

1. Die Hälfte vom Kürbis dünsten und pürieren. Aus den restlichen 400 g kleine Würfel schneiden und dünne Streifen für die vier Kürbisgitter schneiden. Die Würfel auch dünsten und mit 200 g Kürbispüree sowie 4 Eiern vermengen. Mit Ingwer und Salz abschmecken.Die Streifen zu vier kleinen Gittern zusammenlegen und bei milder Hitze in einer Pfanne braten.

2. Aus der Butter, dem Mehl und 2 Eiern einen glatten Teig herstellen und den Boden eines kleinen Bleches auslegen, am besten auf Backpapier. Bei 175 °C etwa 5 Minuten im Ofen anbacken. Einen eckigen, gebutterten und bemehlten Kuchenrahmen aufsetzen und die Quichemasse darauf verteilen. Dann noch einmal 25 Minuten bei 170 °C im Ofen backen.

3. Nun die Lauchstangen in gut gesalzenem Wasser 10 Minuten kochen und in Scheiben schneiden. Abwechselnd mit etwas Kürbis-Ingwerpüree anrichten.

4. Das Mehl in der Butter anschwitzen. Mit der Brühe auffüllen, aufkochen und die Zimtstange zugeben. Etwa 10 Minuten ziehen lassen. Mit der Zitrone und Salz abschmecken. Mit der Sahne verfeinern und aufmixen.

5. Die Quiche auf einem vorgewärmten Teller mit dem Kürbisgitter anrichten. Daneben das Kürbispüree und den Lauch abwechselnd platzieren und die aufgeschäumte Zimtsauce angießen.

Kartoffel-Samosas

mit Tandorijoghurt

Für 4 Personen

2 große rohe Kartoffeln
3 gekochte Kartoffeln
1 TL gehackter Ingwer
1 Knoblauchzehe
1 Prise Kreuzkümmel
½ TL Salz
½ rote Chilischote ohne Kerne
1 Spritzer weißer Balsamico-Essig
4 Stangen Lauchzwiebeln, gekocht
½ TL Couscous-Gewürz*

8 Brokkoliröschen
6 EL griechischer Joghurt 10 %
1 TL Tandoripaste

* Anis, Koriander, Kreuzkümmel, Kümmel, Curry, Knoblauch

1. Die Hälfte der gekochten Kartoffeln pürieren und mit Ingwer, Knoblauch, Kreuzkümmel, Salz, Chilischote und Balsamico sorgfältig verrühren. Die andere Hälfte zusammen mit den Lauchzwiebeln fein würfeln und unter die Masse geben und mit Cous-Cous-Gewürz abschmecken. Aus den rohen Kartoffeln lange dünne Scheiben schneiden und diese dann in breite Streifen schneiden. Etwas von der Füllung daraufgeben. Dann wie Samosas einwickeln und in einer Pfanne braten.

2. Den Brokkoli kochen und den Joghurt mit der Tandoripaste abschmecken.

Tipp

Samosas sind Taschen aus Kartoffelteig, die man mit verschiedensten Zutaten füllen kann. Sie sind ein klassisches Gericht der indischen Küche.

Falafel mit Ziegenquark

mit Limone und Avocado

1. Die Kichererbsen über Nacht in kaltem Wasser einweichen. Bedeckt in frischem Wasser 10 Minuten sprudelnd kochen. Dann bei wenig Hitze ca. 1 Stunde weich kochen. Ein Ei zugeben und pürieren. Die gewürfelten Schalotten, etwas Knoblauch und Abrieb einer Limone zugeben. Mit Salz, Pfeffer und Kreuzkümmel nach Geschmack würzen. Flache Rechtecke formen, mehlieren, würzen und in tiefem Fett braten. Den Rest zu Kugeln formen und auch frittieren. Die Paprikawürfel dünsten.

2. Den Ziegenquark mit Kefir verrühren. Leicht salzen und mit etwas Knoblauch abschmecken. Zum Anrichten etwas Kreuzkümmel darüberstreuen. Für die Avocadocreme Avocado mit Limonensaft, Salz, Olivenöl und etwas Zucker marinieren.

3. Den Ziegenquark mit einem Spritzbeutel auf die rechteckigen Falafel geben und darauf die Falafelkugeln setzen. Daneben die Avocadocreme anrichten und die gedünsteten Paprikawürfel als Nocken daraufgeben.

Für 4 Personen

600 g Kichererbsen
2 Schalotten
1 gehackte Knoblauchzehe
1 Limone
1 Ei
4 EL Paprikawürfel, ohne Haut
Salz, Pfeffer
Kreuzkümmel
Mehl, Fett

Ziegenquark
4 EL Ziegenquark
2 EL Kefir
Salz, Knoblauch
1 Prise Kreuzkümmel

Avocadocreme
2 Avocados
1 Limone
4 EL Olivenöl
Salz, Zucker

Paprika-Mozzarella-Involtini

im Hefeteigmantel mit Pestoschaum

Für 4 Personen

Paprika-Mozarella-Involtini im Hefeteigmantel
500 g Mehl
1 Würfel Hefe
250 ml lauwarmes Wasser
10 g Zucker
5 g Salz
2 EL Olivenöl
1 Ei
2 Kugeln Büffelmozzarella
4 rote Paprika

Pestoschaum
2 Artischocken
4 EL Pesto (siehe S. 103)
100 ml Gemüsebrühe
50 ml Sahne
Salz, Thymian, Knoblauch

Minibasilikum

1. Die Hefe im Wasser auflösen. Mit dem Zucker, Salz, Olivenöl, Ei und Mehl zu einem Teig kneten. Ca. 1 Stunde ruhen lassen.

2. Die Paprika vierteln schälen und in einer Grillpfanne grillen. Den Mozzarella in Scheiben schneiden und mit 2 gegrillten Paprika und etwas Pesto einrollen. Nun den Teig ausrollen und die Paprika-Mozzarella-Rolle darin einschlagen. Auf einem Blech mit Backtrennpapier noch mal 20 Minuten gehen lassen. Dann 15 Minuten bei 220 °C backen.

3. Die Artischocken ausbrechen und in Tortenstücke schneiden. In Olivenöl anbraten, in die Pfanne noch etwas Knoblauch und ein paar Thymianzweige geben. Die Gemüsebrühe mit der Sahne aufkochen. Pesto und die Abschnitte vom Mozzarella einmixen.

4. Die Involtini in Scheiben schneiden und mit dem Artischockenschaum auf einem vorgewärmten Teller anrichten. Mit etwas Basilikum garnieren.

Desserts

Schwarzkirschragout mit Tonkabohneneis
Souffliertes Zwetschgensüppchen
Printenauflauf mit Gewürzorangen
Guanaja-Erdnusscreme mit Kakaogelee
Zitronenschaum mit Rhabarbersorbet

Schwarzkirschragout mit Tonkabohneneis

Für 4 Personen

Mandeltaler
100 g Butter
100 g Zucker
100 g Sahne
30 g Honig
30 g Glukose
200 g gehobelte Mandeln

Schwarzkirschragout
500 g Schwarzkirschen
20 ml roter Portwein
20 ml Rotwein
100 ml Kirschsaft
4 g Ingwer, fein gerieben
2 Sternanis
40 ml Kirschwasser

Tonkabohneneis
3 Eigelb
80 g Zucker
280 ml Milch
100 ml Sahne
1 Tonkabohne
150 g Butter

Backteig
2 Eigelb
1 Prise Salz
250 ml Weißwein
200 g Mehl
2 Eiweiß
20 g Vanillezucker
20 g flüssige Butter

160 ml Sahne
Tahiti-Vanille

1. Die Butter mit Zucker, Sahne, Honig, Glukose und Mandeln zusammen aufkochen. Dünn auf eine Backmatte oder ein gut gefettetes Blech streichen und bei 175 °C backen, bis die Masse ganz hellbraun ist. Dann herausnehmen und auskühlen lassen. Danach ein zweites Mal backen, bis sie goldbraun ist. Solange die Masse noch heiß ist, runde Mandeltaler ausstechen.

2. Die Kirschen entsteinen. Den Rotwein und den Portwein reduzieren und mit dem Kirschsaft auffüllen. Den fein geriebenen Ingwer und den Sternanis zugeben und mit den Kirschen aufkochen. Mit Kirschwasser abschmecken. Leicht mit Mondamin binden. In ein flaches eckiges Gefäß füllen und kalt stellen.

3. Das Eigelb mit dem Zucker schaumig schlagen. Milch und Sahne aufkochen, in die Eiermasse geben und über dem Wasserbad bei 80 °C zur Rose abziehen. Die Tonkabohne schälen und mit einer Muskatreibe in die noch warme Eimasse reiben. Die weiche Butter nun unter die Masse mixen. Leicht abkühlen lassen und in der Eismaschine frieren.

4. Das Eigelb mit der Prise Salz, Weißwein und Mehl verrühren. Das Eiweiß mit Zucker zu Schnee schlagen und unter die Masse heben. Je eine Kirsche mit Stiel mit Marzipan füllen, mehlieren und durch den Weinteig ziehen. In heißem Fett ausbacken und durch braunen Vanillezucker ziehen.

5. Die Sahne mit etwas Tahiti-Vanille aromatisieren, leicht schlagen und auf einen Teller geben. Darauf das Kirschragout und die gebackenen Kirschen anrichten. Jeweils ein Nocke Tonkabohneneis mit Mandeltalern dazu dekorieren.

Souffliertes Zwetschgensüppchen

mit gesalzenem Nougatmousse

Für 4 Personen

Gesalzene Nougatmousse
2 Blätter Gelatine
250 g Haselnussnougat
220 g Guanaja-Kuvertüre (noir)
10 ml Zwetschgenwasser
90 g Eiweiß
30 g Zucker
350 ml Sahne
1 TL Fleur de Sel

Zwetschgensüppchen
500 g Zwetschgen
100 ml Läuterzucker
20 ml Zwetschgenwasser
1 Stück Zimtstange
Saft und Abrieb von 1 Orange
2 EL Holunderbeeren

Souffleehaube
2 Eiweiß
70 g Zucker
1 Eigelb
1½ EL Zitronensaft

1. Die Gelatine in kaltem Wasser einweichen. Nougat und Kuvertüre schmelzen. Das Zwetschgenwasser erhitzen und die Gelatine darin auflösen und unter die Nougat-Schokoladenmasse rühren. Die Masse bis auf ca. 30 °C abkühlen lassen. Das Eiweiß anschlagen. Dann den Zucker einrieseln lassen und zu steifem Schnee schlagen. Die Sahne schlagen und beides vorsichtig unter die Nougatmasse heben. Das Fleur de Sel unterheben. In ein flaches, eckiges Gefäß füllen und kalt stellen.

2. Die Zwetschgen halbieren und entsteinen. Mit Läuterzucker, Zwetschgenwasser Zimtstange, Orange und den Holunderbeeren aufkochen und 10 Minuten ziehen lassen. Die Zimtstange entfernen und in kleine feuerfeste Tassen füllen.

3. Das Eiweiß mit den 70 g Zucker aufschlagen. Den Zitronensaft und das Eigelb unterheben und eine Haube davon auf das Zwetschgenragout setzen. Mit roter Dessertsauce verzieren. Bei 200 °C etwa 5 Minuten im Backofen backen.

4. Das soufflierte Süppchen mit Puderzucker bestäuben und mit einem Riegel gesalzener Nougatmousse servieren.

Printenauflauf mit Gewürzorangen

Für 4 Personen

Printenauflauf
50 g dunkle Kuvertüre
5 Eigelb
70 g gemahlene Printen
5 g Printengewürz
1 EL Choco-Flakes
5 Eiweiß
70 g Gelierzucker

Gewürzorangen
4 Orangen
1 l Wasser
700 g Zucker
200 ml Grenadine
2 Nelken
1 Zimtstange
1 Sternanis
1 Vanillestange

1. Die Kuvertüre auflösen und mit dem Eigelb vermengen. Die Printen, das Gewürz und die zerstoßenen Flakes zugeben. Das Eiweiß anschlagen und dann mit dem Gelierzucker weiter schlagen, bis das Eiweiß richtig fest ist. Nun das Eiweiß nach und nach unter die Schokoladenmasse heben. Die Masse dreiviertel hoch in gebutterte und gezuckerte Souffleeformen füllen. Im Wasserbad in den Ofen stellen und bei 250 °C Unterhitze und 150 °C Oberhitze je nach Größe der Formen für 12–20 Minuten garen.

2. Die Orangen 2–3 Tage vorher einlegen. Dazu die Orangen schälen. Aus Wasser, Zucker, Grenadine und den Gewürzen einen Fond kochen und noch heiß über die Orangen geben. Die Orangen erst vor dem Servieren aufschneiden.

3. Die Orangen aufschneiden und mit zwei Dessertsaucen auf einem Teller anrichten. Den Printenauflauf noch warm dazustellen und sofort servieren.

Guanaja-Erdnusscreme mit Kakaogelee

und Mango

Für 4 Personen

Basiscreme
200 ml Milch
200 ml Sahne
20 g Zucker
70 g Honig
100 g Eigelb oder 5 Stück

Knusperboden
130 g Pralinenmasse Noisette von Valrhona
60 g weiße Kuvertüre
60 g Erdnüsse, zerstoßen
50 g Erdnussbutter

Erdnusscreme
120 ml Milch
150 g Erdnussbutter
60 g weiße Kuvertüre
1 Blatt Gelatine
285 g Basiscreme

Guanajacreme
50 ml Passionsfruchtsaft
1 Blatt Gelatine
220 g Guanaja-Kuvertüre
285 g Basiscreme

Kakaogelee
170 g Sahne
100 ml Wasser
60 g Zucker
40 g Kuvertüre noir
50 g Kakaopulver
4 Blatt Gelatine

4 Mangoscheiben
und Mangopüree zur Garnitur

1. Den Zucker mit dem Eigelb schaumig rühren. Die Milch mit der Sahne und dem Honig aufkochen. Langsam zu dem Eigelb geben und dann zur Rose abziehen.

2. Für den Knusperboden wird die Pralinenmasse mit der aufgelösten weißen Kuvertüre, den Erdnüssen und der Erdnussbutter vermengt. Dann zwischen zwei Lagen Backpapier ausrollen.

3. Jetzt die Milch mit der Erdnussbutter aufkochen. Die 60 g weiße Kuvertüre auflösen und dazugeben. Das Blatt Gelatine einweichen und zur Masse geben. Dann die Basiscreme unterrühren und auf dem Knusperboden verteilen. Kalt stellen.

4. Den Passionsfruchtsaft erwärmen und das zweite eingeweichte Gelatineblatt darin auflösen. Die dunkle Kuvertüre auflösen und zum Passionsfruchtsaft geben. Nun die Basiscreme unterrühren. Die Guanajacreme auf der Erdnusscreme verteilen.

5. Die Sahne mit dem Wasser und dem Zucker aufkochen. Die Kuvertüre auflösen und dazugeben. Dann das Kakaopulver und die eingeweichte Gelatine unterrühren. Als oberste Schicht auf die Guanajacreme auftragen. Gut auskühlen lassen.

6. Die Guanaja-Erdnusscreme in Portionen schneiden. Als Garnitur jeweils vier Mangoscheiben mit etwas Mangopüree und Kahluaeis dazu anrichten.

Zitronenschaum mit Rhabarbersorbet

und Kakaobohnenkrokant

Für 4 Personen

Crumble
120 g kalte Butterwürfel
120 g Mehl
120 g brauner Zucker
120 g Mandelgrieß
Salz
1½ Vanilleschoten
100 g Kakaobohnen, gestoßen

Zitronenschaum
120 ml Zitronensaft
30 g Zucker
125 g Butter
3½ Blätter Gelatine
Safran
20 g Traubenzucker
3 Eier
40 g Zucker

Kakaobohnenkrokant
150 g Zucker
1 TL Pektin
150 g zerstoßene Kakaobohnen
100 g Butter
50 g Traubenzucker
60 ml Wasser

Rhabarbersorbet
500 g Rhabarber
170 g Zucker
50 ml Wasser
50 g Himbeermark

Dunkle Mangosauce
40 g brauner Zucker
30 g Butter
100 ml Zitronensaft
50 g Bitterkuvertüre
100 g Mangomark

½ Stange Rhabarber
Zitronensaft

1. Für den Crumble die Butter mit Mehl, Zucker, Grieß, Prise Salz, Mark der Vanilleschote und den Kakaobohnen wie einen Mürbeteig schnell verarbeiten. Kalt stellen, ausrollen und bei 150 °C ca. 15 Minuten backen. Darauf wird dann der Zitronenschaum gegeben und kalt gestellt.

2. Den Zitronensaft mit dem Zucker aufkochen. Dann mit der eingeweichten Gelatine, der Butter, einer Prise Safran und dem Traubenzucker mixen. Mit den Eiern und dem Zucker wie ein Sabayon zuerst warm und dann kalt schlagen.

3. Für den Kakaobohnenkrokant den Zucker mit dem Pektin mischen. Dann mit den Kakaobohnen, Butter, Traubenzucker und Wasser aufkochen. Danach auf eine Backmatte streichen und bei 180 °C ca. 8–10 Minuten backen.

4. Dann den Rhabarber mit dem Zucker und dem Wasser aufkochen, mixen und passieren. Das Püree kalt rühren und dann das Himbeermark unterziehen. In der Eismaschine frieren.

5. Für die Sauce den Zucker mit der Butter, Zitronensaft, Bitterkuvertüre und Mangomark aufkochen.

6. Den Rhabarber in kleine Stücke schneiden und kurz in wenig Wasser mit Zitrone und Zucker dünsten. Den Zitronenschaum auf Crumble in kleine Riegel schneiden und mit der Krokanthippe dekorieren. Dazu das Rhabarbersorbet und den gedünsteten Rhabarber anrichten. Die Mangosauce in Tupfen danebensetzen.

REGISTER

REGISTER

Impressum

Achim Schwekendiek
2008 © Bibliothek der Köche für die Süddeutsche Zeitung Edition,
Süddeutsche Zeitung GmbH, München

Fotografie: Bernd Grundmann
Texte: Ingo Swoboda
Rezepte: Achim Schwekendiek
Art Director: Eberhard Wolf
Grafik: Julia Wolf, Dennis Schmidt
Projektmanagement: Katinka Holupirek
Projektleitung: Dirk Rumberg

Litho: JournalMedia GmbH, München
Herstellung: Hermann Weixler, Luitgard Ludwig
Druck und Bindung: Holzhausen Druck & Medien GmbH, Wien

Printed in Austria
ISBN: 978-3-86615-569-5

Bibliothek der Köche

Einfach kochen wie die Besten

Sterneköche für zu Hause

Coveränderungen vorbehalten!

Alle 20 Bände der **Bibliothek der Köche** auf einen Blick:

DIETER MÜLLER & NILS HENKEL
Bergisches Land, ISBN: 978-3-86615-551-0

JOHANNES KING
Sylt, ISBN: 978-3-86615-552-7

HARALD RÜSSEL
Mosel, ISBN: 978-3-86615-553-4

MARTIN FAUSTER
München, ISBN: 978-3-86615-554-1

MARTIN GÖSCHEL
Frankfurt, ISBN: 978-3-86615-555-8

ALI GÜNGÖRMÜS
Hamburg, ISBN: 978-3-86615-556-5

THOMAS KELLERMANN
Berlin, ISBN: 978-3-86615-557-2

JÖRG GLAUBEN
Pfalz, ISBN: 978-3-86615-558-9

ERIC MENCHON
Köln, ISBN: 978-3-86615-559-6

ALEXANDER HERRMANN
Oberfranken, ISBN: 978-3-86615-560-2

FRANK BUCHHOLZ
Rhein-Main, ISBN: 978-3-86615-561-9

TILLMANN HAHN
Mecklenburger Bucht, ISBN: 978-3-86615-562-6

PETER MARIA SCHNURR
Sachsen, ISBN: 978-3-86615-563-3

BERNHARD DIERS
Stuttgart, ISBN: 978-3-86615-564-0

MICHAEL FELL
Oberbayern, ISBN: 978-3-86615-565-7

THOMAS BÜHNER
Osnabrücker Land, ISBN: 978-3-86615-566-4

ANDREE KÖTHE & YVES OLLECH
Mittelfranken, ISBN: 978-3-86615-567-1

KARL-EMIL KUNTZ
Mittlerer Oberrhein, ISBN: 978-3-86615-568-8

ACHIM SCHWEKENDIEK
Weserbergland, ISBN: 978-3-86615-569-5

JOHANN LAFER
Hunsrück, ISBN: 978-3-86615-570-1

Jeder Einzelband der Bibliothek der Köche ist erhältlich **für 14,95 Euro**, die komplette Bibliothek der Köche für **nur 11,– Euro pro Band** (220,– Euro statt 299,– Euro bei Abnahme aller 20 Bände)

im Internet unter **www.sz-shop.de**
oder per Telefon unter **01805–262167** (0,14 Euro/Min. aus dem dt. Festnetz, abweichender Mobilfunktarif möglich.)

* Bei Bestellung der Gesamtedition 220,– € für alle 20 Bände, das sind nur 11,– € pro Buch; bei Kauf von Einzelbänden je 14,95 €. Sie sparen 79,– € gegenüber dem Kauf von Einzelbänden.

Ihre Vorteile:

1. **Sie sparen 79,– €** gegenüber dem Einzelkauf und zahlen nur 11,– €* pro Band.
2. **Einfache Lieferung** – Sie erhalten automatisch alle vier Wochen zwei neue Bände bequem zu sich nach Hause. Ab August 2008 erhalten Sie alle Bände in einer Lieferung.
3. **Keine Versandkosten** – alle Lieferungen sind garantiert versandkostenfrei.
4. **Kein Risiko** – Sie können Ihre Bestellung jederzeit ohne Angabe von Gründen beenden. Einfache Rücksendung der Ware oder Mitteilung an den Verlag genügt.